成年後見制度の社会化に向けたソーシャルワーク実践

■ 判断能力が不十分な人の
■ 自立を目指す
■ 社会福祉協議会の取り組み

香山芳範

法律文化社

幸遣くん

本書印税の一部は、後見基金に寄付されます。

【凡例】

〈法令〉
家手法　　　　　　　　　　家事事件手続法

〈団体〉
明石市後見支援センター　　明石市社会福祉協議会明石市後見支援センター
家裁　　　　　　　　　　　家庭裁判所
高裁　　　　　　　　　　　高等裁判所
最高裁　　　　　　　　　　最高裁判所
社協　　　　　　　　　　　社会福祉協議会
厚労省　　　　　　　　　　厚生労働省
たんぽぽ　　　　　　　　　日本弁護士連合会高齢者障害者総合支援センター・たんぽぽ
地裁　　　　　　　　　　　地方裁判所
リーガルサポート　　　　　公益社団法人成年後見センター・リーガルサポート
ぱあとなあ　　　　　　　　公益社団法人日本社会福祉士会権利擁護センター・ぱあとなあ

〈その他〉
後見基金　　　　　　　　　明石市社会福祉協議会後見基金
成年後見人　　　　　　　　現行の成年後見制度を創設する際に出された『成年後見制度の
　　　　　　　　　　　　　改正に関する要綱試案』（1998年4月）において、成年後見人
　　　　　　　　　　　　　という用語は、成年後見の3類型（補助人、保佐人、後見人）
　　　　　　　　　　　　　を総称する言葉として用いられている（道垣内 1998：29）。本
　　　　　　　　　　　　　書でもこれに従う。
成年後見制度　　　　　　　成年後見制度は法定後見制度と任意後見制度に分かれてい
　　　　　　　　　　　　　る。本書でいう成年後見制度とは、法定後見制度を指している。
成年被後見人　　　　　　　被補助人、被保佐人、被後見人の総称
利用促進計画　　　　　　　成年後見制度利用促進基本計画
利用促進法　　　　　　　　成年後見制度の利用に関する法律

　2018年11月時点での日本の総人口は１億2,645万3,000人であり、成年後見制度の潜在的利用者数は、その内の約１％であると見積もられる（新井ら 2014：3）。つまり、日本では約127万人が成年後見制度を必要としていたことになる。しかし、一方で2018年末の時点における成年後見制度の利用者は21万8,142人とされている（最高裁判所事務総局家庭局 2018：12）。このような現状において、「成年後見制度の社会化」は急務である。

　成年後見制度の社会化については、成年後見制度が人びとに広く利用されることを目指して、民法学者が中心となって議論を行ってきた。上山は、成年後見制度の社会化を「社会福祉のインフラ整備の一環として、国や地方自治体が、成年後見制度の利用可能性を広く市民一般に保障する責務を負うべきことになったこと」と定義して、成年後見制度は社会全体で支えていくことが重要であると主張した（上山 2010b：12）。そして、成年後見制度の社会化を示すメルクマールとして⑴市区町村長の申立が充実していること⑵財産の多寡にかかわらず利用できること⑶成年後見人の担い手を確保することを設定した。国や自治体が中心となって、専門家や市民を含む社会全体の力でこれらの課題を解決し、成年後見制度の普及へと繋げることが望まれる。

　加えて、成年後見制度の社会化は、成年被後見人が本人らしい生活を実現することを社会全体で支えていくことでもある。本人らしい生活を実現するには、財産管理を中心とした成年後見制度から身上監護を中心とした成年後見制度に移行する必要がある。そして、身上監護を中心とした成年後見制度に移行する上で重要な取り組みが積極的権利擁護である。積極的権利擁護は、生命や財産を守り、権利侵害から保護するというだけでなく、本人の生き方を尊重

し、本人らしい生活を保障するものである。積極的権利擁護には、時に社会変革が必要であり、成年後見人だけでなく社会全体で取り組む必要がある。

　以上のような考え方に基づき、本書では成年後見制度の社会化を以下のように設定した。[1]

> 判断能力の不十分な人が成年後見制度を利用できることを、申立人の有無や財産の多寡にかかわらず保障するとともに、本人らしい生活を実現するため、官専民を中心に社会全体で取り組むこと

　本書では、官（国および自治体）専（専門職）民（市民）各々の要素を有する社会福祉協議会が、判断能力が不十分な人への自立支援として、成年後見制度の社会化をどのように推進していくべきかについて論じている（図序-1）。[2] 各章の概要は以下のとおりである。

第1章　成年後見制度と日常生活自立支援事業を判別するために
——アセスメントシートの活用——

　判断能力が不十分な人を対象とした金銭管理の手段として、成年後見制度と日常生活自立支援事業がある。これらは対象者や支援内容が類似しているため、本来であれば成年後見制度の対象とすべき事例に日常生活自立支援事業を適用してしまい、日常生活自立支援事業の円滑な事業運営が妨げられる事態が生じている。

　本章では、成年後見制度と日常生活自立支援事業を判別するためのツールとして明石市後見支援センターが考案したアセスメントシートを取り上げた。そしてアセスメントシートの導入が業務の効率化に繋がったことを明らかにした。

第2章　緊急時の金銭管理における支援のあり方
——成年後見制度か日常生活自立支援事業か——

　自己の法律行為の結果を判断できる精神的能力がない人のなかには費用や時間等の制約により、成年後見制度の利用が難しい人がいる。[3]

　本章では、A県B市で日常生活自立支援事業を利用するC氏の事例をもとに

緊急時の金銭管理における支援のあり方を考察した。そして、緊急時における
金銭管理の支援として、成年後見制度ではなく、日常生活自立支援事業との契
約を促すＡ県Ｂ市社協の取り組みに効果があったことを示した。また、明石市
が制定した「明石市緊急一時金銭管理の実施に関する要綱」が緊急時の金銭管
理の問題解決に寄与した可能性があることを示した。

第3章　成年後見制度における申立費用の負担
——望ましい費用負担のあり方とは——

　現行の成年後見制度の申立は、手続が煩雑で、その費用は申立人が負担して
いる。さらに、その費用を成年被後見人から回収できるかどうかは不確定であ
る。この問題は、申立人と親族との関係を悪化させる原因にもなっている。

　本章では、Ｄ県Ｅ市で成年後見制度を利用するＦ氏の事例をもとに、成年後
見制度における申立時の費用負担のあり方を考察した。申立費用を成年被後見
人から回収するための方法として事務管理の適用可能性を示すとともに、明石
市の事例から市長申立を積極的に利用することの有用性を示した。

第4章　市民後見人養成プログラム
——市民自らが活動の担い手となるために——

　明石市は市民後見人養成プログラムを通して、市民後見人養成の開始から市
民後見人になるまでの一連の過程を支援している。市民後見人養成プログラム
には、6日間で合計36時間の養成講座の他、地域性に重きを置いた多様な活動
の機会、さらには広報啓発の機会が用意されている。また、このプログラムで
は市民後見人が安全・安心な後見活動ができるように明石市後見支援センター
が監督人を担うだけでなく、補償制度も用意されている。

　本章では、市民後見人養成プログラムが、成年後見制度の担い手を増やすこ
とはもちろん、市民の主体性を形成することにも効果があることを明らかにし
た。

第5章　成年後見制度利用支援事業の役割

　成年後見制度利用支援事業の利用対象者を拡大する以前は、成年後見制度を利用できないことを理由に、適切でない制度を利用することや、権限のない人が金銭管理を行うこと等の問題が生じていた。また成年後見制度を利用する場合であっても、専門職が無報酬で成年後見人を担うこともあった。

　本章では、明石市で成年後見制度を利用するI氏の事例をもとに、成年後見制度利用支援事業の利用対象者が拡大したことの効果について考察した。そして、成年後見制度利用支援事業の推進によって、成年後見制度の社会化に繋がることを示した。

第6章　後見基金の設立とその効果
──成年後見制度の社会化と地域福祉の推進を目指して──

　後見基金とは、成年後見制度に特化した明石市独自の助成制度である。後見基金は、市民後見人制度の費用助成を中心に、成年後見制度における制度の不備を補完する上で重要な役割を担っている。

　本章では、明石市後見支援センターによる後見基金の推進が、成年後見制度の社会化を促進する効果があるだけでなく、地域福祉の推進にも寄与することを明らかにした。

第7章　総合相談窓口における多機関・多職種連携
──積極的権利擁護による本人らしい生活の実現──

　地域の福祉課題が多様化し複合化するなかで、支援困難事例[4]が多発している。このような現況において、多機関・多職種による連携と協働が求められている。

　本章では、介護保険サービスと障害者福祉サービスを併用するK氏の事例をもとに、明石市社協の総合相談窓口におけるソーシャルワーク実践を取り上げた。そして、総合相談窓口が多機関・多職種による連携と協働に貢献するだけでなく、積極的権利擁護を促し、本人らしい生活の実現にも効果があることを明らかにした。

1）　この定義は、2019年 8 月30日近畿弁護士連合会夏期研修会、2019年 9 月21日本社会
　　福祉学会第67回秋季大会、2019年11月24日本福祉教育・ボランティア学習学会第25回
　　北海道大会で発表した（ただし発表時の定義から加筆・修正されている）。
2）　「民」には、成年後見制度の担い手である市民後見人も含まれる。
3）　主に契約などの法律行為について自分の行為の結果を判断できる精神的能力を「意思
　　能力」といい、これがない状態を「意思無能力」という（前田 2000b：12）。意思無能力者
　　という表記については、福祉関係者は不快に思われるかもしれない。しかし、法律上の
　　表現として、やむを得ず使用している。
4）　支援困難事例とは、支援者側の要因、本人側の要因、制度等の要因、関連専門職側の
　　要因、インフォーマルなソーシャルネットワーク側の要因、支援者の所属組織の要因、
　　社会資源の不足といった様々な要因が相互に関連し合っており、サービス担当者会議等
　　での検討では解決が難しく、その解決に向けては行政や地域包括支援センターをはじめ
　　多職種による検討が必要である事例を意味している（地域ケア会議運営ハンドブック作
　　成委員会 2016：48）。

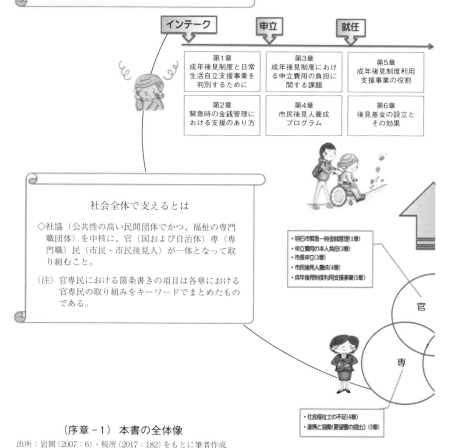

成年後見制度の社会化１
成年後見制度の普及

◇第1,2章では、インテーク時で問題になる成年後見制度と日常生活自立支援事業の適切な見分け方を中心に論じた。
◇第3,4章では申立時で問題になる申立費用の問題と成年後見人の担い手の問題について論じた。
◇第5,6章では、就任後の問題として後見人の報酬とその助成について論じた。ここまでが、成年後見制度の普及についてである。

成年後見制

インテーク	申立	就任
第1章 成年後見制度と日常生活自立支援事業を判別するために	第3章 成年後見制度における申立費用の負担に関する課題	第5章 成年後見制度利用支援事業の役割
第2章 緊急時の金銭管理における支援のあり方	第4章 市民後見人養成プログラム	第6章 後見基金の設立とその効果

社会全体で支えるとは

◇社協（公共性の高い民間団体でかつ、福祉の専門職団体）を中核に、官（国および自治体）専（専門職）民（市民・市民後見人）が一体となって取り組むこと。
（注）官専民における箇条書きの項目は各章における官専民の取り組みをキーワードでまとめたものである。

・明石市緊急一時金銭管理(1章)
・申立費用の本人負担(3章)
・市長申立(3章)
・市民後見人養成(4章)
・成年後見制度利用支援事業(5章)

官

専

・社会福祉士の不足(4章)
・連携と協働(要望書の提出) (5章)

（序章-１）本書の全体像

出所：岩間（2007：6）・税所（2017：182）をもとに筆者作成

度の社会化

成年後見制度の社会化2
本人らしい生活を社会全体で支える
◇第7章では、本人らしい生活を実現するために必要
である多機関・多職種連携について論じた。

成年後見制度　　→　本人らしい生活

第7章
総合相談窓口における
多機関・多職種連携による
積極的権利擁護の実現

財産管理
身上監護

積極的権利擁護
狭義の権利擁護

身上監護
財産管理

●▲社　窓口

社協
民

・日常生活自立支援事業(1章)
・アセスメントシート(1章)
・後見基金（共感活動の理念）(4章)
・積極的権利擁護(4・7章)
・市民後見人養成プログラム(4章)
　(1)ひとり親家族生活向上事業
　(2)あかし後見サポーター事業
　(3)法人後見支援員
　(4)受任方式（法人後見→市民後見人）
　(5)市民後見人総合補償制度
　(6)地域性を重視した後見活動
　(7)広報啓発活動
　(8)市民後見人候補者勉強会
・受任調整会議(5章)
・後見基金（共感活動の理念）(6章)
　(1)市民後見人報酬助成
　(2)市民後見人候補者勉強会
　(3)あかし後見サポーター事業
　(4)緊急時立替の費用負担
　(5)あかしリサイクル事業
・総合相談窓口(7章)
・多機関多職種連携(7章)

・市民後見人(4章)
・市民サポーター(4章)
・遺贈(6章)
・あかしリサイクル事業(6章)

成年後見制度と日常生活自立支援事業を判別するために
——アセスメントシートの活用——

Ⅰ　はじめに

　判断能力が不十分な人を対象とした金銭管理の手段として、成年後見制度と日常生活自立支援事業がある。これらは対象者や支援内容等、類似しているところが多く、どちらを利用すべきか判別が困難である。そのため、本来であれば成年後見制度として扱うべき事例を日常生活自立支援事業で扱ってしまい、日常生活自立支援事業の円滑な事業運営が妨げられる事態が生じている。本章では、成年後見制度と日常生活自立支援事業を基本情報の収集過程で判別するためのツールとして、明石市後見支援センターが考案したアセスメントシートを取り上げる。そして、アセスメントシートと業務の効率化について考察する。

　本章の構成は次のとおりである。まず両制度の比較をとおして共通点と相違点を考察する。つぎに、それらをもとに両制度の利用に際しての判別の基準を説き明かし、さらにアセスメントシートが業務の効率化に効果があることを明らかにする。

Ⅱ　成年後見制度と日常生活自立支援事業

　成年後見制度とは、すでに判断能力が不十分な人がいる場合、近親者等が家裁に申立をすることにより、家裁が本人の判断能力を確認した上で、成年後見人を選任し、判断能力が不十分な人を法律面や生活面で保護したり支援したりする制度である。成年後見人が行う業務の中身は、財産管理事務と身上監護事

務がある。財産管理事務については、日常的金銭管理、債務整理、（自己）破産手続等がある。身上監護事務については、施設入所、入院契約等がある。

　日常生活自立支援事業は、1999年10月に「地域福祉権利擁護事業」という名称で成年後見制度を補完する仕組みとして、都道府県の社協が開始した。2000年の介護保険制度の成立をきっかけに、個人の自己決定を尊重する観点から、自らが福祉サービスを選択し、サービス提供者との契約により福祉サービスを利用するシステムへと生まれ変わった。

　しかし、認知症高齢者や、知的障害者および精神障害者等の判断能力が不十分な人が、適切な福祉サービスを選択し、その利用料を支払うことは困難である。そこで日常生活自立支援事業は、本人が自立して地域生活を送ることができるよう、福祉サービスの利用援助や日常的金銭管理等を行っている。具体的には、本人との契約に基づいて、福祉サービスの申請の助言をはじめ、福祉サービスの利用料や、公共料金の支払い等の日常的金銭管理を実施している。[3]

Ⅲ　成年後見制度と日常生活自立支援事業を判別する基準

　ここでは、両制度の比較をとおして共通点と相違点を明らかにする。そして、どちらの制度を利用すべきかの判別の基準を説き明かす。

1　成年後見制度と日常生活自立支援事業との共通点

　両制度の従事者にとって、これらの制度の判別を困難にしているのが、両制度の共通点である。このことは図1-1で重なる部分が存在していることからも明らかである。この共通点は以下の二つに分類できる。

⑴　対象者が、精神上の理由により判断能力が不十分な人であること。
⑵　支援内容が、福祉サービスの利用料の支払いや、預金の入出金といった日常的金銭管理であること。

⑴　対象者が精神上の理由により判断能力が不十分な人であること

　日常生活自立支援事業は、利用に際して契約を要する。つまり、日常生活自

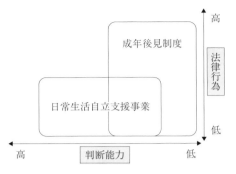

図の中のテキスト：
高
成年後見制度
法律行為
日常生活自立支援事業
低
高　判断能力　低

(図1-1)　成年後見制度と日常生活自立支援事業の比較

出所：兵庫県社会福祉協議会「福祉サービス利用援助事業」
　　　を加筆・修正し筆者作成

立支援事業の対象者は判断能力が不十分とはいえ、契約し得るだけの判断能力が求められる。成年後見制度の対象者においても、契約し得るだけの判断能力を有する人が存在する。保佐および補助類型の人である。[4] このように両制度とも判断能力が不十分ではあるものの、欠缺していない人が存在するという点で共通している。

(2)　**支援内容が、福祉サービスの利用料の支払いや、預金の入出金といった日常的金銭管理であること**

　日常生活自立支援事業における支援内容は、大きく分けて福祉サービスの利用援助、日常的金銭管理、書類等の預かり（請求書等の管理）の三つである（社会福祉士養成講座編集委員会 2015：133）。

　先述のように、成年後見制度における支援内容は財産管理と身上監護である。両制度とも、金銭・財産管理が業務の大半を占めている点で支援内容が共通していると評価することができる。

2　成年後見制度と日常生活自立支援事業の相違点

　成年後見制度と日常生活自立支援事業には、対象者、支援内容、居住形態、手続、費用において相違がある。これらの相違点を基準にすれば、どちらの制度を利用すべきかを判別することができる。以下、表1-1をもとに論述する。

　まず対象者に関しては、先述のように日常生活自立支援事業が保佐および補助類型の人を対象としているのに対して、成年後見制度は精神上の障害により事理を弁識する能力を欠く常況にある人（後見類型）も対象となる。したがって後見類型以外の人、すなわち保佐・補助類型の人がどちらの制度を利用すべき

（表1-1）日常生活自立支援事業と成年後見制度

		日常生活自立支援事業	成年後見制度（法定後見）	
対象者	認知症高齢者	精神上の理由により日常生活を営むのに支障がある人	精神上の障害により事理を弁識する能力	が不十分な人＝補助／が著しく不十分な人＝保佐／を欠く常況にある人＝後見
	知的障害者			
	精神障害者等			
支援内容	日用品の購入等の日常生活行為	○	同意権・取消権	代理権
			△	△
	金銭・財産管理	△（高額財産は不可）	△	○
	生活・療養看護	△	○	○
	重要な財産行為	×	○	○
	居住形態	在　宅	在宅、施設、病院等	
手続	開始	利用者と社協間で利用契約を締結	審判によって家庭裁判所が決定	
	手続期間	数週間	数ヶ月	
費用	手続に要する費用	無料（公費助成）	約20万円程度	
	利用料	訪問1時間1,000円（実施主体ごとによって異なる）	後見費用は、原則実費負担／後見報酬は、請求に基づき家庭裁判所が決定／1年につき0円〜数10万円程度	

出所：山口光治編（2014）『権利擁護と成年後見制度』株式会社みらい、148ページを加筆修正し、筆者が作成

　かについては、支援内容、居住形態、手続、費用の項目を基準として検討していくことになる。

　支援内容に関しては、表1-1にあるように高度な法律行為の要否が両制度の相違点である。対象者が保佐、補助類型の人で、主な支援内容に高度な法律行為が含まれない場合は、日常生活自立支援事業の利用が可能となる。

　居住形態については、日常生活自立支援事業は在宅生活の人を対象としているので、身上監護で長期入院や入所が近い将来見込まれる場合は、成年後見制度を利用するのが妥当である。

　手続においては、保佐・補助類型の人は、手続の簡便さを理由として日常生活自立支援事業を選択することが適切な場合がある。日常生活自立支援事業の利用の際に要する手続は、本人と社協が契約を締結しさえすればよい。それに対して、成年後見制度は家裁に申立が必要となる。申立に際しては、本人の財産や収支目録の作成、成年後見人候補者の仕事や収入に関する情報提供が求められる。その他に、戸籍の収集、親族の同意書の作成、医師の診断書も必要となる。これらの申立準備には、かなりの時間を要する上に、申立後も成年後見人が選任されるまでに、さらに1ヶ月近くの期間を要するのが一般的である。

費用においては、保佐・補助類型の人は費用負担の軽減の観点から、日常生活自立支援事業を選択することが適切な場合がある。日常生活自立支援事業の利用料は、一般的に支援に要する時間1時間までは1,000円、以降30分ごとに500円が加算される（東京都社会福祉協議会 2013：12）。それに対して、成年後見制度の場合、まず手続に要する費用として約20万円程度が必要となる（井上 2012：81）。さらに成年後見人への報酬が発生する。東京家裁によると専門職後見人の報酬額の目安は、通常の後見業務の場合は月額2万円とされている。また管理財産額が高額の場合には財産管理事務の複雑困難性を考慮するとして、財産管理額が1,000万円超～5,000万円以下の場合には基本報酬額が月額3～4万円、5,000万円を超える場合には基本報酬額は月額5～6万円とされている（井上 2012：81）。

3　成年後見制度と日常生活自立支援事業を判別する基準

　両制度の利用に際しての判別の基準として、支援対象者の判断能力が後見類型に該当するか、支援を展開する業務が高度な法律行為を要するか、近い将来に長期入院や入所の可能性があるか、があげられる（図1-2の1）。それらの基準を満たした上で、手続の簡便さ、費用負担の軽重、事案の緊急性等を勘案し、適切な制度を選択するのが妥当である（図1-2の2）。これをフロー図で表すと図1-2のようになる。

Ⅳ　アセスメントシートの活用

　一般的に、利用者は成年後見制度よりも日常生活自立支援事業を選択しがちである。なぜなら、先述のとおり、日常生活自立支援事業の方が費用負担が少なく、手続が簡便だからである。しかし、実際には成年後見制度を利用した方がよい場合も少なくない。図1-1に示したとおり、日常生活自立支援事業の担当職員は日常的金銭管理のような日常生活行為を主な業務としており、成年後見制度のように債務整理を行うほどの高度な法律行為は期待できないからである。もし債務整理を要する事例を日常生活自立支援事業で扱ってしまうと、

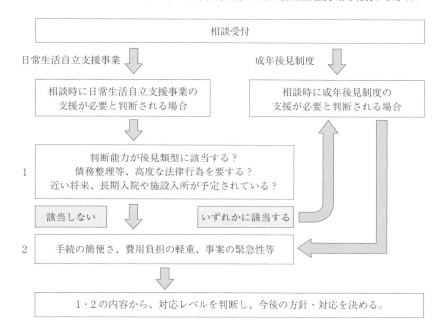

（図1-2）　相談受付の考え方から対応まで

契約前の課題整理に時間を費やしてしまう。明石市後見支援センターが運営する日常生活自立支援事業では、契約待機件数が積み重なり、2015年には新規契約の受け入れを中止することとなった。

　両制度に関する詳細な知識がなくても利用すべき制度を判別することができるように、明石市後見支援センターでは、アセスメントシート（資料1-1、1-2）を導入した。アセスメントシートは、図1-2を反映した、両制度の相違点を整理するためのツールである。このシートに相談者である各種福祉専門職が利用者情報を記入すれば、自動的に適切な制度に繋がるように設計されている。これまで明石市後見支援センターの職員が利用者情報を収集し、整理していたものがより円滑に適切な制度に繋がるような仕組みとなったため、相談窓口業務は大幅に効率化された。結果として、日常生活自立支援事業の円滑な運営にも繋がり、2018年度においては新規契約件数が25件となり、これまでで

資料1-1　成年後見制度　アセスメントシート

作成者		所属機関		年　　月　　日

相談者		利用	
続柄・所属		理由	

（かな）		性　別	生 年 月 日	年　齢	〈家族図〉
対象者		男・女	年　　　月　　　日	歳	
住　所			電話番号		
居　住	□自宅【○持家　○賃貸】□施設　□サ高住　□GH　□有料H　□病院　□他 【施設名等】				
状　態	□高齢【□認知あり】　□知的　□精神　□その他 □療育（A・B1・B2）　□精神（　　　級）疾患【　　　　　　　　　　　】 □要支援（　　　　）　□要介護（　　　　　）　□障害支援区分（　　　　　）　□認定なし				KP（続柄：　　　　　）

CM／相談員			生活保護	□なし　□あり（担当：　　　　　　　CW）
ADL	□自立（歩行・車椅子）　□一部介助　□全介助		食事状況 （該当全て✓）	□自炊　□外食　□ヘルパー　□宅配弁当　□他
意思疎通	□可　□簡単な会話は可　□不可			
医療情報			生活状況 （本人の生活 や困り事等）	
サービス・ 就労				

▼月収入	約　　　　　　　　円		▼月支出	約　　　　　　　円	
収　入 （内訳）	（年　金）		支　出 （内訳）	（家　賃）	（施　設）
	（保護費）			（光熱費）	（サービス）
	（その他）			（食　費）	（医　療）
	（預貯金）				

金銭管理 の状況	通帳管理	□本人　□親族（続柄：　　　　　　）　□第三者（関係：　　　　　　　）　□紛失中
	出 金 者	□本人　□親族　□本人と親族が同行　□本人と第三者が同行　□その他（　　　　　）
	出金方法	□金融機関等で出金（□窓口　□ATM）　□その他（　　　　　　　　　）
	★【課題】 ※該当は 全て✓	①□金融機関等で出金ができない ↘【理由】□身体的に金融機関に行けない　□判断能力的に窓口・ATMでの出金作業ができない　□他 ②□判断能力の低下等により、適切な金銭管理が難しい ↘【理由】□請求・領収書等の内容理解が難しい　□収支状況の理解が難しい　□計画的にお金が使えない　□他 ③□日常的な浪費や使い込み、他者からの搾取等により、必要な生活費の支払いができない ↘【理由】□ギャンブル　□お酒　□携帯・通信　□通販・物販　□遊興　□他人との貸し借り　□搾取　□他
	負債・ 滞納★	□なし　□あり（約　　　　　　　　円）

第1章　成年後見制度と日常生活自立支援事業を判別するために

成年後見制度の情報	・・・＞現時点で判明している情報があれば記載		
区　分	□高齢者　□障害者【○知的　○精神】　□未成年　□その他（　　　　　　　　　　　）		
特　記	□虐待（身体・経済・他）　□触法（　　　　　　　　　　　　　　　　）　□その他（　　　　　　）		
申立人	□本人申立が可能（保佐・補助）　□親族申立が可能（続柄：　　　　　　　　　　　） □市長申立を検討【○親族なし　○親族が申立拒否　○その他】　□その他（　　　　　　　）		
申立代行	□必要　□不要　□不明	法テラス利用　□該当　□非該当　□不明	
候補人	□未定　□親族（続柄：　　　　　　　）□その他（　　　　　　　　　　　　　　　）		
判断能力	□正常　□補助　□保佐　□後見【※根拠：□診断書有り　□医師見解　□支援者見解】　□不明		
本人意向	□同意あり　□同意なし【理由…○拒否　○意思表示の確認が困難　○他】　□未確認　□その他		
今後の 居住場所	□現在の居所　□自宅　□特養　□養護　□老健　□療養型　□病院　□GH　□有料老人 □サ高住　□障害施設（　　　　　　　　　　）□その他（　　　　　　　　）		
後見支援 (該当全て○)	1	金銭	日常的な金銭管理（年金・預貯金等の出金、入金、各種の支払い）
	2	財産	1の日常的な金銭管理以外の財産管理（株・証券、多額の預貯金等）
	3	財産	不動産管理【□賃貸　○売却　○抵当権設定　○その他】
	4	契約	保険金、生命保険等の受領、手続
	5	契約	賃貸・施設入所等【○施設　○住宅　○その他】
	6	解約	消費者被害、その他の解約
	7	相続	遺産分割、遺言書
	8	債務	債務整理、自己破産【浪費癖　□あり　□なし】
	9	裁判	調停、訴訟等
	10	書類	郵便物・書類等の管理
	11	その他	

緊急性の有無	有　・　無	・・・＞以下の項目にチェックがある場合に記入	
緊急性	1	経済的虐待・詐取等で財産管理面で早急に後見人による支援が必要	【財産の保全申立】 □必要　□要検討
	2	身上監護面（契約、解約、その他）で早急に後見人による支援が必要	
	3	1・2以外の理由（相続や法的手続など）で早急に後見人による支援が必要	
	4	成年後見制度利用までに一時的に第三者による通帳等の保管や金銭管理が必要	
	その他		
緊急性 の状況			
今後の方針 対応等			

資料1-2　日常生活自立支援事業　アセスメントシート

作成者		所属機関		年　　月　　日

相談者		利用理由	
続柄・所属			

（かな）		性　別	生 年 月 日	年　齢	〈家族図〉
対象者		男・女	年　　月　　日	歳	
住　所			電話番号		

居　住	□自宅（○持家　○賃貸）□施設　□サ高住　□GH　□有料H　□病院　□他 【施設名等】

状　態	□高齢【○認知あり】　□知的　□精神　□その他 □療育（A・B1・B2）　□精神（　　　級）疾患【　　　　　　　　　　　　】 □要支援（　　　　　）　　□要介護（　　　　　　）　□障害支援区分（　　　　　　）　□認定なし	KP（続柄：　　　　　）

CM／相談員			生活保護	□なし　□あり（担当：　　　　　　　　　CW）
ADL	□自立（歩行・車椅子）　□一部介助　□全介助		食事状況 （該当全て✓）	□自炊　□外食　□ヘルパー　□宅配弁当　□他
意思疎通	□可　□簡単な会話は可　□不可			
医療情報			生活状況 （本人の生活 や困り事等）	
サービス・就労				

▼月収入　約　　　　　　　円			▼月支出　約　　　　　　円	
収　入 （内訳）	（年　金）		（家　賃）	（施　設）
	（保護費）	支　出 （内訳）	（光熱費）	（サービス）
	（その他）		（食　費）	（医　療）
	（預貯金）			

金銭管理の状況	通帳管理	□本人　□親族（続柄：　　　　　　　）　□第三者（関係：　　　　　　）□紛失中
	出 金 者	□本人　□親族　□本人と親族が同行　□本人と第三者が同行　□その他（　　　　　　）
	出金方法	□金融機関等で出金（□窓口　□ATM）□その他（　　　　　　　　）
	★【課題】 ※該当は 全て✓	① □金融機関等で出金ができない
		↳【理由】□身体的に金融機関に行けない　□判断能力的に窓口・ATMでの出金作業ができない　□他
		② □判断能力の低下等により、適切な金銭管理が難しい
		↳【理由】□請求・領収書等の内容理解が難しい　□収支状況の理解が難しい　□計画的にお金が使えない　□他
		③ □日常的な浪費や使い込み、他者からの搾取等により、必要な生活費の支払いができない
		↳【理由】□ギャンブル　□お酒　□携帯・通信　□通販・物販　□遊興　□他人との貸し借り　□搾取　□他
	負債・滞納★	□なし　□あり（約　　　　　　　円）

判断能力 ★	□正常　□補助　□保佐　□後見【→根拠：○診断書有り　○医師見解　○支援者見解】□不明		
本人意向	□同意あり　　□同意なし【理由…○拒否　○意思表示の確認が困難　　○他】　□未確認　□その他		
反対者の有無	□なし　□あり（続柄：　　　　　　　　　　　　　　　　　　）		
★課題 (該当全て○)	1	金銭	金融機関での出入金が独りではできない、難しい	◆他者援助：○あり　○なし
	2	金銭	公共料金、福祉サービス、家賃等の支払いが適切にできない	◆滞　納：○あり　○なし
	3	金銭	認知・障害等が原因であるだけお金を使う等、自己管理が難しい	◆浪費癖：○あり　○なし
	4	金銭	他人にお金を借りたり、奢るなどの行為がみられ適切な自己管理ができない	
	5	書管	郵便物の管理や必要書類の手続等が適切に行えない	
	6	紛失	通帳や印鑑などの置き場所を忘れたり、紛失する行為がみられる	
	7	契約	福祉サービスの利用手続、契約等に支援が必要	
	8	依存	ギャンブルやお酒、通販、訪問販売などの買物やその他、依存行為がみられる	
	9	被害	悪質商法等の被害を受けている	
	10	虐待	親族、第三者から金銭搾取等の経済的虐待を受けている（若しくはその恐れがある）	
	11	不適	隣人・知人、支援関係者等の第三者が管理若しくは援助しており不適切な状況	
	12	その他		

成年後見制度の検討	・・・＞以下の項目にチェックがある場合は成年後見制度の利用を検討する	
(該当全て○)	1	能力	後見類型（判断能力）が予想される
	2	契約	賃貸、施設入所等の契約手続が必要
	3	取消	消費者被害等で取り消しなどの手続が必要
	4	債務	債務整理、自己破産などの手続が必要
	5	財産	高額の預貯金、株・有価証券、不動産などの管理が必要
	6	相続	遺産分割、保険金の受領などの相続手続が必要
	7	その他	

緊急性の有無	有 ・ 無	・・・＞以下の項目にチェックがある場合に記入	
緊急性 (該当全○)	1	経済的虐待や金銭搾取などで、早急に第三者の金銭管理が必要	
	2	家賃・光熱費等の未払いでライフラインが止まるなど（その恐れがあり）、早急に対応が必要	
	3	サービス・制度利用までに、通帳・印鑑などの再発行手続などが必要（※要検討）	
	4	サービス・制度利用までに、一時的に第三者による通帳等の保管や金銭管理が必要（※要検討）	
	その他		
緊急性 の状況		

今後の方針 対応等	

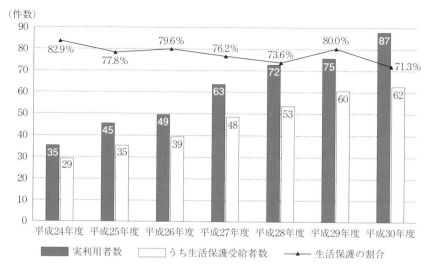

（図1-3）　明石市における日常生活自立支援事業の実利用者数と生活保護受給者数の推移

出所：兵庫県社会福祉協議会 (2019) をもとに筆者が作成

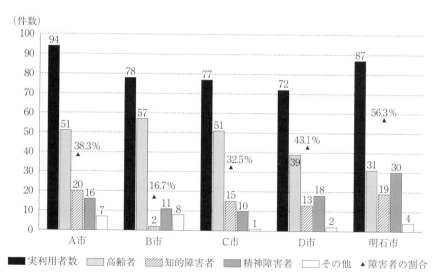

（図1-4）　兵庫県内における日常生活自立支援事業の実利用者数上位5市の件数と内訳

出所：兵庫県社会福祉協議会 (2019) をもとに筆者が作成

最も多い契約件数となった。その結果、日常生活自立支援事業の利用者数は大幅に増加し（図 1-3）、兵庫県内においても第 2 位の契約件数となった（図 1-4）。

Ｖ　むすび

　本章では、成年後見制度と日常生活自立支援事業を基本情報の収集過程で判別するためのツールとして明石市後見支援センターが考案したアセスメントシートを取り上げた。そして、アセスメントシートを導入した結果、日常生活自立支援事業の円滑な運営にも繋がり、新規契約件数が大幅に増加したことを明らかにした。

　しかしながら、このシートを有効に活用できた理由として、明石市後見支援センター特有の支援環境をあげることができる。通常は、成年後見制度と日常生活自立支援事業の窓口は異なる。これに対して、明石市後見支援センターでは両制度の窓口を同じくしており、両制度の担当者が連携しやすい環境が整っている。利用促進計画は、各自治体に中核機関の設置を求めている。各自治体は、中核機関を設置するにあたり、これら両制度を一体的に扱うことができるように環境整備を行う必要があると考えられる。

1）　判断能力が不十分な程度によって援助の内容を区別し、後見・保佐・補助という三つの類型を設けた（井上 2012：4）。
　　　後見＝事理を弁識する能力を欠く常況にある者（民法 7 条）
　　　保佐＝事理を弁識する能力（法律行為からどのような利益や不利益が生じるかについての判断能力（岡崎 2011：110））が著しく不十分である者（民法11条）
　　　補助＝事理を弁識する能力が不十分である者（民法15条）
2）　成年後見制度の申立人となることができる人は、本人、配偶者、四親等内の親族等とされている（民法 7 条）。
3）　「日常生活自立支援事業」という名称は、厚生労働省の国庫補助要綱上の事業名である。要綱には、次のことが規定されている（全国社会福祉協議会 2008：3）。
　　　(1)　「福祉サービス利用援助事業」の実施
　　　(2)　当該事業従事者の資質向上のための事業の実施
　　　(3)　当該事業に関する普及啓発の実施

(1)にある「福祉サービス利用援助事業」とは社会福祉法上の名称である。つまり、下位法が上位法を包含していることになる。多少、違和感があるが、援助の内容では、福祉サービス利用援助事業と本事業の関係は必ずしも上位法・下位法の関係にあるものではない（濵畑 2011：1147）。（福祉）現場では、日常生活自立支援事業のことを、「福サ」（福祉サービス利用援助事業の略称）と呼んでいるところもある。

4）　日常生活自立支援事業は、一定程度の判断能力をもつ保佐および補助類型以上の能力の人について、比較的軽微な日常生活レベルの行為を簡便な手続でサポートするものである（嶋貫 2011：30）。

5）　書類等預かりサービスを利用する場合、自治体によっては月1,000円程度の支払いが必要となる場合がある。

6）　成年後見制度の費用についての詳細は、第3章図3-1を参照のこと。

第2章

緊急時の金銭管理における支援のあり方
── 成年後見制度か日常生活自立支援事業か──

I　はじめに

　第1章では、次のことを明らかにした。日常生活自立支援事業は比較的利用料も安く、契約後はスムーズにサービス提供が可能である。それに対して、成年後見制度は、多額の費用を要する[1)]。たとえば、申立に要する費用や、選任後の成年後見人への報酬である。さらに、煩雑な手続を行うために一定の期間が必要となる。たとえば、成年後見人候補者の調整に要する時間、戸籍や住民票等の取得に要する時間、さらには成年後見制度の申立後、成年後見人が選任されるまでの待機時間など、少なくとも2、3ヶ月程度は見込んでおく必要がある。

　ここで問題となることは、自らの法律行為の結果を判断できる精神的能力がない人（以下「意思無能力者」）が、上記のような費用や時間等の制約により成年後見制度に馴染まない場合にどのように支援していけばよいかということである[2)]。

　本章では、A県B市における日常生活自立支援事業の利用者C氏の事例をもとに、意思無能力者の緊急時の金銭管理について、B市社協と明石市後見支援センター、それぞれの取り組みについて言及する。

　※意思無能力者という表記については、福祉関係者は不快に思われるかもしれない。
　　しかし、法律上の表現として、やむを得ず使用している。

Ⅱ　緊急時における成年後見制度の手続上の問題

　本節では、A県B市における日常生活自立支援事業の利用者C氏の事例をもとに成年後見制度の手続上の問題を明らかにする。

1　事例対象の選定
　後見類型の人が日常生活自立支援事業を利用せざるを得ない状況について、C氏の事例をもとに明らかにする。C氏を選定した理由は、成年後見制度の利用が困難な複数の問題を抱えていたからである。

2　倫理的配慮
　本研究は日本社会福祉学会研究倫理指針に則り行った。事例を扱う上では、C氏担当ケースワーカーおよびB市社会福祉協議会の許可を得た。³⁾

3　事例の概要
　C氏の事例については、B市地域包括支援センターの社会福祉士から、B市社協に相談が入った。C氏はB市在住の当時80歳代前半の男性であった。子供については、娘が2人いた。しかし、妻との離婚後は、妻子ともに絶縁状態にあった。相談当時、C氏の光熱費は未払いで、ライフラインはストップしていた。そのうえ、C氏の生活上の問題行動がたびたび見受けられるようになっていた。お金が入ると、すぐにせんべいや調理しきれないほどの生ものを買い込み、お金が尽きたら無銭飲食や無賃乗車を繰り返し、警察沙汰になることもあった。C氏本人では生活を組み立てることができない状態が続いていた。やむを得ず、地域包括支援センターの職員が本人の生活費を保管せざるを得ない状況にあった。
　この当時、C氏の長谷川式簡易検査の結果は5点であった。⁴⁾5点というのは、通常、後見類型を表している。B市地域包括支援センターの社会福祉士はB市後見センターに、成年後見制度の申立を検討してもらった。B市後見セン

ターの回答としては、「親族の協力が求められないため、市長申立になるだろう。[5]市長申立となると時間がかかるため、現在の切迫した状況には適さないのではないか。たとえ、時間をかけて申立たとしても、このゴミであふれた家に成年後見人候補者が現れるかどうかは疑問である」ということで、成年後見制度の申立にはかなり時間を要することが予想されるという回答であった。

　この回答を受けて、支援機関が、C氏への対応に関して、ケースカンファレンスを開催することになった。[6]会議の結果、喫緊でC氏の金銭管理をする必要があるとの判断に至った。簡便な手続で支援を開始することのできる日常生活自立支援事業が必要であるとの認識から、関係機関の合意のもと、日常生活自立支援事業を利用する方向で問題解決に取り組むこととなった。

　一つの便法として、契約前相談というかたちで、日常生活自立支援事業と、契約のない状態でB市社協が本事例の金銭管理を行うことも検討された。しかし、B市社協にとって、契約関係にない利用者の通帳・印鑑を、成年後見人が選任されるまで管理することは、かなりリスクが大きかった。そこで、利用申込書および契約締結判定ガイドラインをとおして、次のことを確認し日常生活自立支援事業の契約を締結するに至った。[7]一点目は、出金に必要な書類にC氏本人による記名・押印が可能であるということだった。二点目は、これまでの金銭管理がケースワーカーによって行われてきたことをC氏が認識していることであった。そして、三点目は同様の支援が日常生活自立支援事業によって今後も継続されることにC氏が同意していることであった。以上のように、ガイドラインに準拠してC氏の契約の判断能力を確認後、日常生活自立支援事業との契約を締結するに至った。

　支援開始後は、まず、C氏のショートステイの利用料や、ヘルパーが調理する材料の費用、配食代、本人の生活費等が確認され、収支が整理されていった。収支が安定したところで、月に一度、B市社協職員が本人宅を訪問し、金銭管理はもちろんのこと、本人の生活が安定しているかどうかの確認も、ケアマネジャーやケースワーカーと連携して行っていった。その結果、これまで、生活が安定せず、半ば強制的に特別養護老人ホームのショートステイを利用させられていたC氏が、安定した在宅生活を送ることができるようになった。ま

た、これを契機として、将来の施設入所も見据え、ケースワーカーを中心に成年後見制度の申立を進め始めた。今後は、日常的金銭管理は日常生活自立支援事業で継続して支援し、日常的金銭管理以外の財産管理および身上監護については成年後見人が担うことで、C氏の在宅生活を支えていくことが予定されている。

4　問題の考察

本事例における問題は、後見類型に該当するにもかかわらず、日常生活自立支援事業を利用せざるを得なかったという点にある。[8] このような状況に陥った原因として、次の二つに注目した。

(1)　喫緊の通帳・印鑑の管理が必要であったこと。
(2)　成年後見人の候補者調整が難航する支援困難事例であったこと。[9]

(1)　喫緊の通帳・印鑑の管理が必要であったこと

通帳・印鑑の管理につき緊急性の高い支援が必要な人にとって、弁護士会における財産管理サービス、裁判所による審判前の保全処分、成年後見制度はいずれも使いにくいシステムになっている。

財産管理サービスは、契約能力があることが前提のサービスである。[10] したがって、本事例のように、制度を利用する人自身に契約能力がない場合は、利用できない。裁判所による審判前の保全処分や、成年後見制度は、実際に利用できるまで一定の期間を要する。したがって、本事例のように喫緊の通帳・印鑑の管理が必要である場合には適さない。[11]

(2)　成年後見人の候補者調整が難航する支援困難事例であったこと

C氏の事例のような、ゴミや物であふれた家で、本人の生活が安定しないような支援困難事例では、身上監護の重要性を見込んで、一般的に社会福祉士が成年後見人として選任されることが多い。しかし、本事例は、社会福祉士が独力で担うケースとしては負担が重過ぎると思われる。

厚労省の「社会福祉基礎構造改革について」という文書において、日常生活自立支援事業は「成年後見制度を補完する仕組みとして制度化」したものであ

ると明言されている（厚生労働省 1999）[12]。厚労省のいうところの「補完」の意味
は、「支援を展開する業務の軽重」の観点から出てきたものであると考えられ
る。つまり、成年後見制度が重要な事柄に関する法律行為の代理を行う制度で
あるのに対して、日常生活自立支援事業は一定程度の判断能力をもつ「保佐」
および「補助」以上の能力の人について、比較的軽微な日常生活レベルの行為
を、簡便な手続でサポートするものである（嶋貫 2011：30）。

　しかし、日常的で軽微な事務を他人にサポートしてもらいたいというニーズ
は、別段意思能力を持っている人だけに限定されるわけではない。そこで、現
在の「補完」は次のような意味合いを帯びてきた。日常生活自立支援事業の発
足当初は、対象が保佐、補助類型の人とされていたのが、その後、後見類型の
人さえも対象とするようになったのである（嶋貫 2011：31）[13]。「支援を展開する
業務の軽重」および「支援対象者の判断能力の高低」の両面を基準にするので
はなく、「簡便な手続」という観点から補完の意味を考える必要がある。そこ
で、現場の状況を円滑に遂行するためにも、意思無能力者に契約を認めるため
の法解釈が必要であるとの考え方が生じてくるのである。

　次の節では、意思無能力者に契約行為を認めるという立場を支持する根拠と
なるような法解釈について確認する。

Ⅲ　民法 9 条但書説に関する見解

　本来、意思無能力者は日常生活自立支援事業と直接の契約ができないため、
日常生活自立支援事業との契約には成年後見人を要する。しかし、本事例のよ
うに、成年後見人の選任手続を経由してから日常生活自立支援事業につなげて
いく時間的余裕がない場合は、現行民法の解釈論によって、意思無能力者との
直接の契約を認めていく必要がある。これに関しては、B 市社協は民法 9 条但
書説を採用している。民法 9 条には、次のように書かれている。

> 「成年被後見人の法律行為は、取り消すことができる。ただし、日用品の購入その他
> 日常生活に関する行為については、この限りでない」

この説は、意思無能力者であっても、日常生活に関する程度の契約であれば
認めても構わないとする考え方である。
　同条但書の趣旨は次の点にある（田山 2007：139）。

(1)　法律行為の内容について類型的に限定した上で、取消しの例外を設けた。
(2)　判断能力が全くないわけではなく、現実に日用品の購入行為などができている事
　　実を尊重すべきである（現存能力の尊重）。
(3)　認知症高齢者などにとっては、社会生活への復帰だけでなく、できるだけ長く社
　　会生活にとどまることも重要であると解すべきである。
(4)　日常生活で繰り返し行われている行為については、それに必要な判断能力を有し
　　ていると考えられる場合が多い。

　つまり、民法9条但書説においては意思無能力者であっても、限定的な意思
能力があり日常生活に必要な行為は単独で有効になし得るとされている[14]。そし
て、この限定的な意思能力を前提として、有効に成立し得る契約に、日用品の
購入その他日常生活に関する行為として、日常生活自立支援事業の利用契約も
含めることで問題の解決を図ろうとするものである（西牧 2004：41）。

Ⅳ　民法9条但書説の適用可能性

　B市社協としては、民法9条但書説に立つのが妥当であるとの立場をとって
いる。このことは、以下の三つの観点にあてはめることで所説の妥当性がみえ
てくる。

1　福祉制度改革の趣旨からの妥当性

　個人の尊厳を尊重し利用者の立場に立った福祉制度を構築するという社会福
祉基礎構造改革の理念に則れば、一般的な福祉契約においても、個人の意思が
尊重される必要があるということができる（山下 2000：203）。また、成年後見制
度が「残存能力の活用」と「自己決定の尊重」の原則を前面に打ち出し、本人意
思への過剰な干渉によって法律関係が形成されることを避けようとした趣旨
は、当然、日常生活自立支援事業にも当てはまると考えられる（嶋貫 2011：33）。

2　契約の性質からの妥当性

五十嵐によれば、日常生活自立支援事業をはじめとした医療や福祉の分野における契約は、関係的契約としての性格が強い、ということができる（五十嵐2002：1142）。関係的契約とは、契約の背景にある社会関係を、契約のなかに取り込むところに特徴がある。つまり、当該契約のおかれている社会関係そのものが契約の拘束力を生み出し、また様々な契約上の義務を生み出すというものである（内田 2000：30）。関係的契約においては、契約的連帯（信頼関係）を維持するために、当事者は、当該契約がおかれている社会関係のなかで要求される様々な義務を負う。たとえば、情報を提供したり、相手に損害を与えないように配慮するといった義務である（内田 2000：31）。福祉契約は関係的契約の性質が非常に強いと考えることができる。なぜなら、福祉契約は、事業者に応諾義務が課せられたり、契約内容等に規制を加えたりするかたちで「契約自由の原則」が制限されているからである（小西 2004：104）。つまり、日常生活自立支援事業等の福祉契約は一般の契約と比べると、関係的契約の性格が強く、限定的な意思能力を前提としても、有効に成立し得る契約ということができる。

3　判例からの妥当性

前田は、意思無能力をめぐる判決一覧（大正から平成24年までの計52判例）を作成して、本人の意思能力の有無、取引の内容、その取引の効力等をまとめた（前田 2013：101）。

計52判例のうち、48判例では本人の意思能力の有無で取引の効力の有無が判断された。それに対して、残りの 6 判例（表 2 - 1 ）では、意思能力の有無ではなく、本人の利益の有無を中心に取引の効力の有無が判断された。注目すべきは、「意思無能力」と認定されても、本人の利益が認められれば、他の理由で取引の効力が有効と扱われた割合が高いことである。逆に、意思能力ありと認定された場合でも、本人にとって不利益な取引に関しては、他の理由で取引の効力が否定される割合が高かった（前田 2013：99）。

判例では意思能力の有無のみで契約の効力が判断されているのではなく、契約までの交渉の経緯や、双方の経済的不利益等を勘案して契約の効力が判断さ

（表2-1）意思無能力をめぐる判決一覧（抜粋）

判例	判決年月日	事案の内容	取引内容	意思能力	取引の効力	本人の利益
①	大判昭9・9・10（民集13・1777, 民商1（4）310）	無権代理人が本人を相続した場合に、無権代理行為の主張は認められないとされた事例	不動産の売却	無	有効	不明
②	名古屋地豊橋支判昭63・11・17（家月41・10・148, 判タ735・186, 判時1311・97）	無権代理行為を事実上追認した者が、後見人に就職した場合でも、後見監督人がその追認を承認しないときは、後見人は、追認を拒絶することができるとされた事例	不動産の贈与を受ける	無	有効	有利
③	最判平6・9・13（判時1513・103, 判タ867・159, 法セミ495・70, 法時67巻4号110, ジュリ1062・86, 法教別冊付録174・20）東京高判平4・6・17（判時1434・75, ジュリ1029・150, 法セミ463・36, リマークス（法時別冊7）11）	近親者により、禁治産宣告前の無権代理行為があったとしても、例外的に後見人就職後の追認拒絶が許される場合があるとされた事例	違約条項付きの建物賃貸予約に関する代理権授与行為	無	不明（高判では有効）	不利
④	東京地判平8・8・29（判時1606・53, 判タ933・262）	借地契約の解約を合意した和解契約が、借地借家法9条の趣旨等に照らして無効であると判断された事例	借地契約の合意解約	有	無効	不利
⑤	横浜地判平10・4・27（判時1680・105, 判タ1023・191）	土地建物の売買につき、売買代金額の相当性について錯誤があるとして、売買契約が無効とされた事例	土地建物の売却7000万円	有	無効	不利
⑥	大阪高判平21・8・25（判時2073・36）	認知症高齢者を売主とする土地の売買契約が公序良俗に反して無効とされた事例	廉価での土地売却	有	無効	不利

※民集＝最高裁判所民事判例集　家月＝家庭裁判月報　判タ＝判例タイムズ　判時＝判例時報　法セミ＝法学セミナー　法時＝法律時報　ジュリ＝ジュリスト　法教＝法学教室　リマークス＝私法リマークス

出所：前田（2013）に「意思無能力をめぐる判決一覧」が掲載されており、これを筆者が一部加工した。

れていた。つまり、意思無能力をめぐる判決については各々の事例に即した実質的判断が用いられることが必要である。そして状況を考慮しつつ日常生活自立支援事業と意思無能力者との契約の有効性を認めていくことが妥当であるいえる。

V　本事例の対応に関する考察

　B市社協ではC氏の契約は有効であると判断されていた。その理由の一つとしては、日常生活自立支援事業の契約は、民法9条但書に規定する日常生活に関する一行為と評価できることがあげられる。日常生活自立支援事業は、日々の出金手続および支払業務を中心としている。C氏は生活保護世帯で日常生活自立支援事業の利用料が無料であることも勘案すれば、C氏と日常生活自立支援事業との契約はあくまでも日常生活に関する一行為として評価し得るだろう。

　もう一つの理由として、本人の利益が認められれば意思無能力者であっても契約は有効であるとする判断は判例に即しているということがあげられる。

　確かに、日常生活自立支援事業が関わることで、C氏はこれまでのように自由な金銭の支出は制限されるであろう。このことを理由に、不利益を被っているとの見方もあるかもしれない。しかし、生活するために必要な支出、たとえば、家賃や光熱費、配食サービス等の福祉サービスの利用料とは別に、本人が自由にできる生活費も設定されている。つまり、設定された生活費の範囲内でC氏本人の意思を尊重しつつ、社会全体で支援しているといえるのである。

　一方で、C氏には、せんべいや生ものを買い込むなどの不適切な購入履歴や、無銭飲食や無賃乗車等の問題行動もみられる。したがって、このような判断能力の低下したC氏に対して契約行為を認めることは、意思自律の原則に反する可能性がある。[19] しかし、日常生活自立支援事業における契約は関係的契約としての性格が強いため、C氏が限定的にしか意思能力を有していなかったとしても契約は有効であったということができるだろう。

　以上の理由から、C氏と日常生活自立支援事業との契約は有効であったと解釈することができる。

VI　緊急時の金銭管理における自治体の取り組み

　一方、明石市後見支援センターでもB市社協のように意思無能力者の金銭管

資料 2-1　明石市緊急一時金銭管理の実施に関する要綱

（趣旨）

第1条　この要綱は、精神上の障害により事理を弁識する能力を欠く常況にある高齢者及び障害者に対して、民法（明治29年法律第89号）第697条の規定に基づき市が緊急かつ一時的に実施する金銭管理（以下「緊急一時金銭管理」という。）について必要な事項を定めようとするものである。

（対象者）

第2条　緊急一時金銭管理の対象となる者（以下「対象者」という。）は、次に掲げる要件のすべてを満たす高齢者及び障害者とする。

(1)　市内に住所を有すること。ただし、市長が緊急一時金銭管理の実施を特に必要と認めるときは、この限りでない。

(2)　支援する親族がいないこと、又は親族による支援が望めないこと。

(3)　民法第7条の規定による後見開始の審判の請求を行うことが確実と見込まれること。

(4)　他の法律等に基づく制度によっては、適切な支援が困難であること。

（調査）

第3条　市長は、地域総合支援センターの職員、民生委員等からの通報等により対象者に該当すると思料される者（以下「通報対象者」という。）を確認した場合は、関係機関と連携協力し、速やかに当該通報対象者の状況を把握するために必要な調査を行うものとする。

（検討会の開催）

第4条　市長は、前条の規定による調査実施後、通報対象者が第2条各号に掲げる要件に該当すると認めるときは、速やかに、次の各号のいずれかの会議（以下「検討会」という。）を開催するものとする。

(1)　対象者の支援を担当する福祉部署及び対象者の支援のために連携が必要な部署の係長その他の職員で構成する会議

(2)　介護保険法（平成9年法律第123号）第115条の48第1項に規定する会議その他の高齢者及び障害者が地域において自立した日常生活を営むことができるよう、包括的かつ継続的な支援を行うことを目的とする会議

2　検討会においては、次に掲げる事項を検討するものとする。

(1)　緊急一時金銭管理の実施の要否

(2)　緊急一時金銭管理及び生活支援の方針

(3)　その他市長が必要と認める事項

（緊急一時金銭管理の実施の決定）

第5条　市長は、検討会での検討結果を踏まえて、緊急一時金銭管理の実施の要否及び次に掲げる緊急一時金銭管理のうち対象者に対して実施するものを決定する。

(1)　財産の保管

(2)　日常的な金銭管理

（調査等の委託）
第6条　市長は、第3条及び第4条に定める事務（以下「調査等」という。）を明石市社会
　　福祉協議会（以下「協議会」という。）に委託することができる。
（報告）
第7条　市長は、前条の規定により調査等を協議会に委託した場合においては、協議会に
　　対して、その実施内容について、調査等状況報告書を作成させ、四半期ごとに報告させ
　　るものとする。
　2　前項の規定にかかわらず、市長は、必要があると認めるときは、協議会に対して調査
　　等の実施内容を随時報告させるものとする。
（終了）
第8条　市長は、対象者又はその相続人若しくは法定代理人が金銭の管理をすることがで
　　きるに至ったときは、緊急一時金銭管理を終了する。
（補則）
第9条　この要綱に定めるもののほか、緊急一時金銭管理の実施に関し必要な事項は、市
　　長が別に定める。
　附　則
この要綱は、制定の日から施行する。

出所：明石市

理に苦慮する状況が生じていた。たとえば、近親者による経済的搾取や、本人
の浪費癖による使い込みが原因で、成年後見人の就任前に喫緊で通帳や印鑑を
管理せざるを得ない状況があった。このような由々しき事態をめぐり、明石市
後見支援センターは行政、その他福祉関係機関と協議を繰り返した。その結
果、明石市では、事務管理説を採用し2018年度に「明石市緊急一時金銭管理の
実施に関する要綱」（資料2-1）を策定するに至った。事務管理説とは、意思無
能力者と日常生活自立支援事業との契約を無効と考えた上で、事務管理（民法
697〜702条）という法律構成を利用し、契約に基づかずに金銭管理を認めてい
こうとする考え方である[20]。その論拠となる民法697条の条文には、次のように
示されている。

　「義務なく他人のために事務の管理を始めた者（以下この章において「管理者」という）
　は、その事務の性質に従い、最も本人の利益に適合する方法によって、その事務の管
　理（以下「事務管理」という）をしなければならない。
　2　管理者は、本人の意思を知っているとき、又はこれを推知することができるとき

は、その意思に従って事務管理をしなければならない」

　義務なく他人のために事務を管理することによって、管理義務や管理費用の求償権が発生する法律関係を事務管理という。一般的に、人は他人の生活領域には干渉しないという原則がとられている。しかし、社会生活の上で場合によっては義務がないのに他人の事務を好意的に処理することがあり得る。それが他人の生活領域への介入になるとして違法だというのは行き過ぎた解釈であり、むしろそれを適法な行為とみた上で、その場合に生ずる費用の問題などを合理的に解決した方が妥当であるという考え方に基づいている。

　このように、民法は、社会的連帯に基づく好意的な事務の処理を最低限度合法的なものとして処理しようとする（川井 2008：351）。具体的には、判断能力が不十分で金銭管理が困難となり、かつ、家族による支援を見込むことができない高齢者または障害者に対して、行政を事実上の管理者として、意思無能力者が成年後見制度に繋がるまで、行政が緊急かつ一時的に金銭管理（緊急一時金銭管理）を行うものである。

　民法9条但書説という法の解釈で、本来金銭管理を行うべき立場にない個人や組織に負担を負わせることなく成年後見制度に繋げる必要がある。そのためにも、成年被後見人が制度に繋がるまでの期間をも含めた金銭管理の環境整備が必要である。そこで、明石市では、事務管理に基づく金銭管理を検討した。

　ただし、本人が意思無能力者である場合、以下のことが危惧される。

(1)　管理者による濫用のおそれ
(2)　管理者から本人への通知義務

(1)　管理者による濫用のおそれ

　手続としては、図2-1にあるように関係機関から対象者の緊急一時金銭管理の依頼を受けた場合、明石市後見支援センターは関係機関と連携協力し、速やかに対象者の状態や状況等の実態を把握するために調査を行う（要綱3条）。その結果、緊急一時金銭管理の対象となる人であることが確認された場合、緊急一時金銭管理検討会（以下「検討会」）を開催する。そして、多機関・多職種の

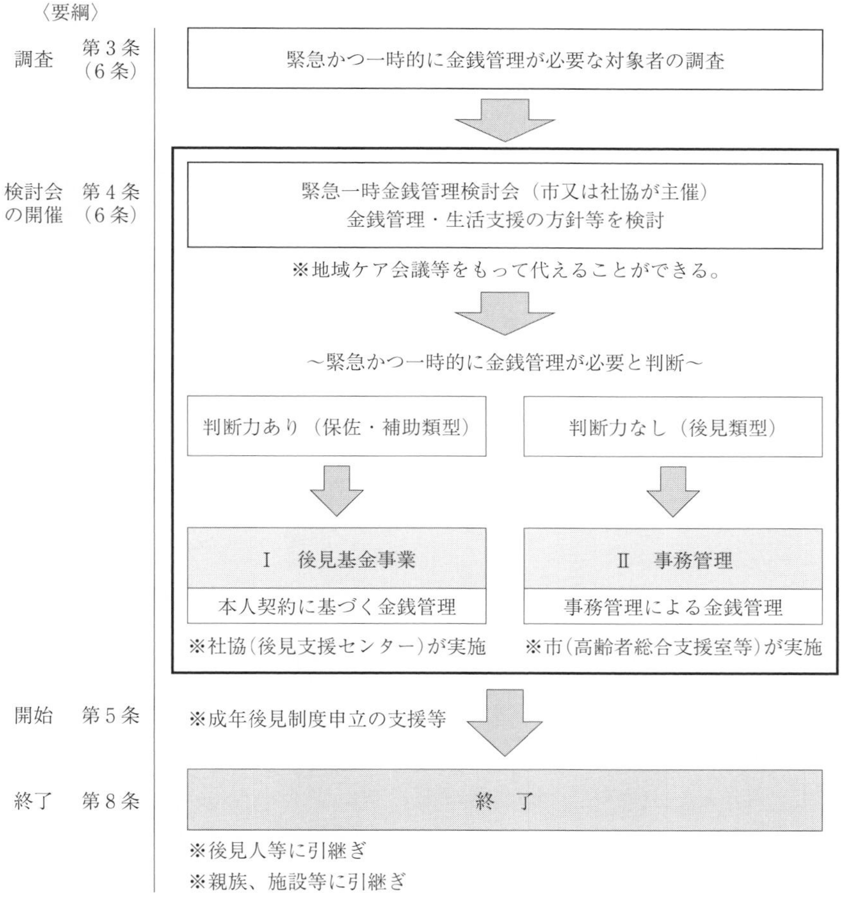

〈要綱〉

調査	第 3 条 （6 条）	緊急かつ一時的に金銭管理が必要な対象者の調査

↓

検討会 の開催	第 4 条 （6 条）	緊急一時金銭管理検討会（市又は社協が主催） 金銭管理・生活支援の方針等を検討

※地域ケア会議等をもって代えることができる。

↓

〜緊急かつ一時的に金銭管理が必要と判断〜

判断力あり（保佐・補助類型）	判断力なし（後見類型）
↓	↓
Ⅰ　後見基金事業	Ⅱ　事務管理
本人契約に基づく金銭管理	事務管理による金銭管理
※社協（後見支援センター）が実施	※市（高齢者総合支援室等）が実施

開始	第 5 条	※成年後見制度申立の支援等　↓
終了	第 8 条	終　了

※後見人等に引継ぎ
※親族、施設等に引継ぎ

（図 2 - 1）　緊急一時金銭管理の実施の流れ

出所：明石市後見支援センター

連携のもとに緊急一時金銭管理の実施の要否を必要性、緊急性および相当性の観点から判断することになる（要綱 4 条）。

　推認される本人の合理的意思を無視して、管理者である行政の独断で事務管理説を採用し、金銭管理を進めることは、社会福祉基礎構造改革に通底する基

本理念に反する。管理者による逸脱濫用が起こらないように、検討会を設けることが要綱上規定されている。

(2) 管理者から本人への通知義務

　管理者は、事務管理を始めたことを遅滞なく本人に通知しなければならない（民法699条）。しかしながら、本人が意思無能力者の場合、管理者は通知義務を果たすことができなくなる。この点については、のちに金銭管理を引き継ぐことになる相続人や法定代理人等に、調査の結果（要綱3条）、検討会の内容（要綱4条）、引き継ぐまでの金銭管理の方法、を伝えることで法的責務を果たすことは可能である。図2-1にあるように緊急一時金銭管理は、開始時において成年後見制度等を利用することが前提となっている。であれば、法定代理人等に対して通知義務を果たすことは可能である。

　以上のように、明石市では、意思無能力者の緊急時の金銭管理について、事務管理説を採用し「明石市緊急一時金銭管理の実施に関する要綱」に基づき金銭管理を行っている。[21]

Ⅶ　むすび

　本章では、A県B市C氏の事例をもとに、意思無能力者の緊急時の金銭管理について考察した。この場合、B市社協では民法9条但書をもとに、意思無能力である本人と日常生活自立支援事業との契約を試みていた。一方、明石市では明石市後見支援センターを中心に「明石市緊急一時金銭管理の実施に関する要綱」を策定し、行政が事務管理に基づき金銭管理を行っていた。

　法解釈として本章では、民法9条但書説と事務管理説の二つを紹介したが、親権者・配偶者・保護者の代理による契約という法律構成や、無効主張の片面的解釈という法律構成等もある（大原 2008：156）。[22]こうした複数の法解釈が並存している状況は、制度と実態が乖離していることのあらわれでもある。あくまでも、法律構成は本人の利益を追及するための便法に過ぎない。重要なことは、このような法解釈に頼らざるを得ない状況が改善されなければならないということである。

1）　日常生活自立支援事業と成年後見制度の費用の詳細については、第 1 章Ⅲ 2 を参照の
　　こと。
2）　意思無能力者については、序章注 3 を参照のこと。
3）　ケースワーカーとは、福祉事務所でクライアントの家庭訪問・面接・生活指導等に従
　　事する人のこと。
4）　長谷川式簡易検査とは、精神科医の長谷川和夫氏が開発した簡易知能検査のことで、
　　認知症の診断に使われる認知機能テストの一つである。
5）　成年後見制度の利用を希望する人のなかには、親族の協力が得られない人や身寄りの
　　ない人などが多数存在している。これらの人たちについても、成年後見制度の適切な利
　　用を可能なものとするために、老人福祉法第32条、知的障害者福祉法第28条、精神保健
　　及び精神障害福祉に関する法律第51条の11の 2 に基づいて、市区町村長にも後見開始の
　　申立が認められている（遠藤 2015：51）。
6）　ケースカンファレンスとは、事例研究の一つの方法であり、形態である。その形態
　　は、「事例研究会」「事例検討会」「ケース会議」「ケース検討会」「ケース研究会」などとも
　　呼ばれる。また、介護・看護を主眼においた事例研究では、「ケアカンファレンス」と呼
　　ばれることもある（岩間 2005：22）。
7）　契約締結判定ガイドラインは、次の二つのことを確認するガイドラインとして位置付
　　けられている（山下 2000：206）。一つは福祉サービスの情報収集、意思決定、契約手
　　続、支払業務に援助を要するか、もう一つは日常生活自立支援事業を利用するために、
　　利用者が社協と契約を結ぶ能力はあるかである。契約締結判定までの流れは、次のとお
　　りである。まず自己紹介をし、社協の専門員である立場や役割を伝え、利用希望者のコ
　　ミュニケーション能力を確認する。次にサービス内容について、パンフレット等を用い
　　て説明する。最後にあらかじめ設定した調査事項を聴く（ここでは、意思表示能力、理
　　解能力、契約発意者の確認、契約意思の確認、利用者の基本的情報、見当識の確認、生
　　活状況の概況の把握、大まかな将来設計、この事業の援助の必要性、日常生活の概要、
　　社会生活の概要、福祉サービス利用の確認等の項目を設定している）。このガイドライ
　　ンはインタビュー方式で作成されている。インタビューの実施にあたっては、ゆっくり
　　はっきりした話し方、利用者の発言や回答をさえぎらない、回答を督促しない等、話し
　　方や接し方に留意する必要がある。
8）　濵畑も、「契約方式の採用により、事理弁識能力が低下すればするほど日常的金銭管
　　理のニーズは高まるが、同時に福祉サービス利用援助契約（日常生活自立支援事業との
　　契約）の締結も困難になる」として制度上の矛盾について言及している（濵畑 2005：
　　148）。
9）　支援困難事例については、序章注 4 を参照のこと。
10）　高齢者・障害者総合支援センター「ひまわり」が提供する財産管理サービスである。
11）　申立後、保全処分が下されるまで 1 ヶ月程度の期間を要するとされている（岩澤
　　2004：11）。つまり、1 ヶ月間は通帳・印鑑が誰にも管理されない状態が生じる。
12）　社会福祉基礎構造改革とは、終戦後の貧困対策を前提にした福祉のあり方を改め、個
　　人の自立を基本とし、その選択を尊重し、地域の中で生活が送れるように支えることを
　　理念としたものである。利用者と福祉サービス提供者の対等な関係、サービスの質の向

上などを目指している。1998年旧厚生省の審議会において「社会福祉基礎構造改革」の報告がされ、この報告を受けて、2000年（平成12年）5月30日社会福祉法（旧社会福祉事業法）が成立した（岩間・原田 2012：149）。

13)　弁護士・司法書士等の成年後見人に、家賃や高熱費等の支払事務を委ねるというのは、実務的に困難である。このような現場従事者からの要請を受けて、2002年の日常生活自立支援事業改正によって、意思無能力者については、後見人が日常生活自立支援事業との契約を締結するという新たな利用形態を認めることになった（嶋貫 2011：31）。

14)　西牧は権利擁護事業に必要な意思能力について次のように述べている。「権利擁護事業の利用契約について考えれば、自己の生命、身体、財産の一部又は全部を守るためのサービスを受けたいという意思を有し表示できる程度の能力（契約により発生する権利義務関係を認識する能力を必要としないもの）があれば形式的な契約は整うように考えられる」（西牧 2004：41）。つまり、権利擁護事業が目指す自立支援という契約の性質を考えれば、かなり限定的な意思能力さえあれば、契約の有効性を認めても構わないことを示している。

15)　「関係的契約」と対照的な考え方が「古典的契約」という考え方である。人が義務を負うのは、自らの意思でそれを選択したときだけであるということでもあり、「意思自律の原則」とも呼ばれる（内田 2000：15）。

16)　介護に限らず、福祉サービス全般を対象に「福祉契約」と用いられることがある（大村 2005：74）。本書もこれに従う。

17)　前田によれば、計52判例のうち、48判例、つまり、9割以上において意思能力をもとに契約の効力が判断されている。このことから、一見して本人の利益とは関係なく、単に意思能力の有無のみで契約の効力が判断されているように思われる。しかし、実際には、本人の利益も考慮されている。これについて前田は「本人に不利な取引に関しては、判断能力を意思無能力と認定する割合が高く、……」（前田 2013：99）とし、本人の利益の有無が意思能力の有無に関する判断に影響を及ぼす可能性に言及している。また同様に、米倉は「問題の事件の処理という観点からすると、その法律行為を無効とするのが、正義公平にかなう場合には、意思能力はないとし、反対に、その法律行為を有効とした方が正義公平にかなう場合には、意思能力ありとされるかもしれない」と述べ、意思能力の有無に対する判断が意思能力以外の要因によって覆される可能性があることを示している（米倉 1984：85）。

　これとは別の観点から判断能力の基準を述べているのが須永である。須永は、英米法を根拠に、判断能力の基準について「各具体的な契約ごとにその難易に応じて相対的に判断される」（須永 1996：112）としている。

　これら全ての共通点は、意思能力の有無に関する判断は裁判官の自由心証に影響されるということである。中田によれば「一定の基準及至類型」は無いとして、次のように指摘している。「意思能力については、行為者の精神能力に関しても、また対象たる行為の性質・内容に関しても、法律は一定の基準及至類型を設けてはいないのであるから、その有無は、結局のところ、当該事件に表れた各種の原因を統合して、裁判官が自由心証をもって判断すべき問題である」（中田 1957：35）。契約行為に必要な判断能力を硬直的に捉えるのではなく、個々の契約の性質に応じて、柔軟に判断能力を認定してい

く必要がある。この考え方を本事例に当てはめると、日常生活自立支援事業との契約において C 氏は意思無能力者ではなく、意思能力を有するとの判断も十分可能であると思われる。

18) 表 2 - 1 の判例④は借地借家法の趣旨を、判例⑤は錯誤（民法95条）を、判例⑥は公序良俗違反（民法90条）を理由に、契約の無効を導いている。

19) 意思自立の原則については、前掲注15を参照のこと。

20) 民法が定めている事務管理の成立要件は、(1)義務なく(2)他人のために(3)事務の管理を始めた者が(4)事務の性質に従い、最も本人の利益に適合する方法で、本人の意思に従って事務管理したことである（内田 2011：555）。

21) 保佐および補助類型の人については、成年被後見人が選任されるまでの間、成年後見人候補者が本人との契約に基づき金銭管理を行う。この際の成年後見人候補者の報酬は、成年被後見人に代わって後見基金から支払われることになる。後見基金についての詳細は第 6 章を参照のこと。

22) 嶋貫は、いずれの説も無理があるとして「すみやかに後見人等を選任したうえで、法定代理人の手で日常生活自立支援事業の利用契約を締結するという以外に方法はない」（嶋貫 2011：33）と主張している。理由は次のとおりである。「百歩譲って、判断能力の認定基準を大きく緩和することで、後見類型の人について、かろうじて日常生活自立支援事業の契約成立を認めることができたとしても、その人の能力の程度は、たとえば福祉サービス事業者との間で利用契約を締結するといった、一般の法律行為を単独で行うには不十分なレベルであるから、このような法律行為については結局代理人に依存せざるを得ない」（嶋貫 2011：33）。

第3章

成年後見制度における申立費用の負担
――望ましい費用負担のあり方とは――

I はじめに

　現在の申立費用に関する考え方は、いくつかの学説や判例から支持されてはいるものの、問題も生じている。本章では、D県E市で成年後見制度を利用するF氏の事例をもとに、申立時の費用負担の現状と問題点を明らかにする。そして、誰もが使い易い成年後見制度とするにはどうすればよいかについて考察するとともに、望ましい成年後見制度の費用負担のあり方ついて、筆者の見解をまとめる。一方、市長申立を充実させることで、申立人の負担を軽減することに努める明石市の取り組みについても言及する。[1]

II 成年後見制度における経済的支援の要請

　成年後見制度に関する問題のなかでも、経済的支援の要請について、本書ではとくに注目している。経済的支援の要請が顕著なことは社会福祉現場の実情から明らかである。社会福祉現場の実情を明らかにする上で興味深い、次の二つの調査がある。

　静岡県社協は2015年に成年後見制度に関する実態把握調査を実施した。これによれば、申立が低調な理由として最も多かったのが「申立人（親族）の協力が得られない（21.1％）」で、次に多かったのが「本人の利用拒否（13.8％）」であった。しかし、「成年後見人への報酬支払困難（13.4％）」と「申立費用（12.0％）」とを合わせると25.4％となり、費用面の負担が申立を妨げる重大な要因であっ

たことが示された。

　山口県社協においては、2007年に山口県内の基幹社協に対してアンケート調査が行われた。これによれば、日常生活自立支援事業の利用者のうち34％が成年後見制度への移行が必要な人であった。この成年後見制度への移行が必要な人のうち、57％が月収10万円以下で、49％は成年後見制度の申立費用や後見報酬を負担する余裕がないと訴えていた。

　以下では、本事例をもとに成年後見制度における費用負担の問題について考察する。

Ⅲ　申立費用の負担者に関する問題

1　事例対象の選定

　F氏の事例を選定した理由は、成年後見制度の申立の際、誰が費用負担するのかが問題となり、申立手続が難航した経緯があったからである。

2　倫理的配慮

　本事例は、E市社協が管理するF氏のケース記録をもとに作成した。本事例の作成にあたり、特定の事例として判別できないように改変、加工した。本事例を、研究以外の目的に使用しないことをF氏の成年後見人およびE市社協に説明した。F氏の成年後見人およびE市社協には、論述内容を査読してもらい、同意を得たうえで、同意書に署名してもらった。本事例に関する個人情報の取り扱い等、倫理上で配慮すべき事柄は、日本社会福祉学会研究倫理指針に従った。

3　事例の概要

　F氏の事例については、E市の地域包括支援センターからE市社協に相談が入った。F氏は同市在住の70歳代の女性で結婚歴はなく、ひとり暮らしをしていた。F氏は、数匹の犬とともに暮らしていた。F氏には月14万円程度の年金はあったものの、年金を手にするとすぐにお金を使い果たした。そのため、

様々な借金や滞納が確認できた。たとえば、食料品店などには、合計7万円程度のツケがあり、光熱費や市民税の滞納も40万円程度あった。F氏は生活費に困ると、近所に借金をしたり、近くの市場で、食料品をもらったりして暮らしていた。このようなF氏の生活ぶりは、F氏の親族で民生委員のG氏の耳にも苦情として入ってきていた。G氏はF氏のために、苦情対応をはじめ、通院介助や金銭的支援等、献身的に関わっていた。G氏をはじめ、様々な関係機関の支援のかいもあって、F氏の生活は次第に安定していった。

　それから3年後、F氏の認知症が進み、G氏と支援者は、F氏を受け入れてくれる施設を探し始めた。その結果、翌年の春、同市内のH特別養護老人ホーム（以下「特養」）から成年後見人の選任を条件に受け入れが可能であるとの連絡があった。

　まず、E市社協はF氏本人による成年後見制度の申立を検討した。しかし、F氏は後見類型であると診断された。通常、後見類型の場合、本人申立を断念し、親族に申立を依頼することになる。そのため、成年後見制度の申立を親族のG氏にお願いすることになった。

　ここで問題となったのが、申立費用の負担であった。法律上、申立費用は申立人が負担すると規定されている。よって、G氏が申立人となった場合、申立費用はG氏が負担することになるのである。本事例では、申立書面の作成を、司法書士に依頼したため、司法書士による申立書面の作成報酬と家裁が定めた申立に必要な経費を含めた約10万円の申立費用が必要となった。G氏が申立た場合の費用の負担については、F氏の支援者がG氏に説明した。この説明に対して、G氏は納得がいかないとして反論した。なぜなら、F氏はすでに生活を立て直しており、申立費用を負担できるお金があったからである。G氏は、申立費用を負担しなければならないことに対して不満を訴えた。結果として、G氏はF氏と関わることを拒否するようになった。

　F氏の支援者は、G氏による申立費用の負担を一時的なものにする旨を伝え、G氏に対し、申立を行うことへの同意を求めた。また、裁判所に対しては、成年後見制度の申立がF氏本人の利益になることを根拠に、申立費用の償還を求めることとなった。

　支援者による説得の結果、G氏は申立ることに同意した。その後、一旦、G氏に申立費用を負担してもらい、手続を進めていくこととなった。成年後見人が選任されるまでの間、F氏は、H特養においてショートステイを利用することとなった。

　一方、裁判所は、裁判外の費用については、あくまでも申立人が負担すべきであるとの見解を示していた。それに対し支援者は、これまでの経緯を説明した。そして、G氏はF氏にとって重要な社会資源であるため、今後の成年後見業務を円滑に進めるためにG氏との関係を壊さない方が良いということを主張した。また、そのためには、F氏に対して申立費用の償還請求をすることが必要であることも主張した。裁判所に、F氏への申立費用償還請求を認めてもらうことにはかなりの時間を要し、この間、支援者は、G氏から申立費用が本当に償還されるのかについて何度も問われた。そして、申立費用が償還されない状況に対してG氏は苛立ちを覚え、支援者を罵倒することもあった。ともかくも最終的には、F氏本人への申立費用の償還請求が裁判所に認められることとなった。ただし裁判所からは、申立費用を本人へ償還請求していくことは、あくまでも例外的な取り扱いであるという指摘を受けた。

　その後、司法書士が成年後見人に選任され、F氏は無事、H特養に入所することになった。そして、成年後見人がF氏の財産管理を行い、G氏がF氏を定期的に訪問して身の回りの世話を行うこととなった。このように、G氏がF氏の成年後見人の身上監護を補うことで、F氏は安定した生活を送ることができるようになった。

Ⅳ　申立費用に関する論点の整理

1　申立費用の構成

　図3-1は、成年後見制度の申立費用の内訳について示したものである。申立費用は、手続費用と手続費用以外の申立関係費用とに分けられる。さらに手続費用は、裁判上の費用と裁判外の費用とに分けられている。裁判上の費用とは、裁判所に納める費用で、後見等開始申立手数料、送達等に要する郵券、後

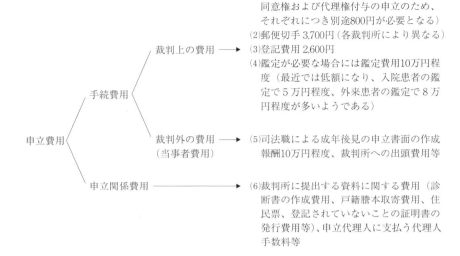

(1)申立手数料が800円（保佐・補助類型は、同意権および代理権付与の申立のため、それぞれにつき別途800円が必要となる）

(2)郵便切手 3,700円（各裁判所により異なる）

(3)登記費用 2,600円

(4)鑑定が必要な場合には鑑定費用10万円程度（最近では低額になり、入院患者の鑑定で5万円程度、外来患者の鑑定で8万円程度が多いようである）

(5)司法職による成年後見の申立書面の作成報酬10万円程度、裁判所への出頭費用等

(6)裁判所に提出する資料に関する費用（診断書の作成費用、戸籍謄本取寄費用、住民票、登記されていないことの証明書の発行費用等）、申立代理人に支払う代理人手数料等

（図3−1）　申立費用の内訳

出所：以下の三つの文献を参考に、加筆・修正して作成した。
赤沼ら（2015：166）．新井ら（2014：37）．井上（2012：81）．

見登記手数料、鑑定費用等がある[2]。裁判外の費用とは、申立書面の作成費用、裁判所への出頭費用等、当事者が手続をとるために直接支出した費用である[3]。申立関係費用としては、事実関係の調査費用、申立とともに提出を求められる診断書の作成料、戸籍謄本取寄費用等があげられる（新井ら 2014：36）。

2　申立費用の負担者

申立費用は、原則、申立人が負担することとなっている。家手法28条1項によると、申立における手続費用の負担については、次のように定められている。

「手続費用（家事審判に関する手続の費用（以下「審判費用」という。）及び家事調停に関する手続の費用（以下「調停費用」という。）をいう。以下同じ。）は、各自の負担とする（ママ）」

　ここでいう「各自」とは、申立人のことを指す（新井ら 2014 : 37）。成年後見制度の申立人については、民法 7 条に次のように規定されている。

> 「精神上の障害により事理を弁識する能力を欠く常況にある者については、家庭裁判所は、本人、配偶者、四親等内の親族、未成年後見人、未成年後見監督人、保佐人、保佐監督人、補助人、補助監督人又は検察官の請求により、後見開始の審判をすることができる」

　2018年末における「申立人と本人との関係別件数」によると、成年後見制度の申立につき親族による申立の割合は、全体の約60％を占めている（最高裁判所事務総局家庭局 2019 : 4）。つまり、申立に伴う費用負担につき申立人である親族が背負うことが少なくないのである。ただし、家手法28条 2 項では、下記のように規定されている。

> 「2　裁判所は、事情により、前項の規定によれば当事者及び利害関係参加人（第四十二条第七項に規定する利害関係参加人をいう。第一号において同じ。）がそれぞれ負担すべき手続費用の全部又は一部を、その負担すべき者以外の者であって次に掲げるものに負担させることができる。
> 一　当事者又は利害関係参加人
> 二　前号に掲げる者以外の審判を受ける者となるべき者
> 三　前号に掲げる者に準ずる者であって、その裁判により直接に利益を受けるもの」[4]

　家手法28条 2 項によると、「事情により」、裁判所の裁量で申立人以外の「関係者（成年被後見人）」に手続費用の負担を命じうるものとされている。[5] つまり、本人の判断能力が不十分で、その親族が本人の代わりに申立を行った場合でも、本人に手続費用の全部または一部を負担させることができる。[6] しかしながら、「手続費用の全部又は一部」の定義については、裁判上の費用（図 3 - 1 ⑴〜⑷）を限度とする運用をしている裁判所が多いとのことである（赤沼ら 2015 : 168）。申立関係費用については、その負担に関する規定はとくにないとのことから、原則、申立人の負担とする運用が一般的である（中山 2009 : 160）。[7] この場合、裁判外の費用および申立関係費用（図 3 - 1 ⑸⑹）は、申立人に課せられることになるのである。[8] このように、家手法28条 2 項の解釈を適用した場合、

申立人は利益を享受しないにもかかわらず費用負担を求められる状況になるため、申立人にとって納得のできない状況が生じやすいと考えられる。

一方で、事務管理に基づき、申立人と本人との間に実体法上の権利義務関係があることを根拠として、申立費用全体の保障を求めるべきとする考え方もある（中山 2009：160）。この考え方を適用した場合、事務管理規定の類推適用により、有益費用（民法702条1項）として、申立費用全体の償還を、本人に対して求めることが認められるのである（額田 2002：241）[9]。民法697条では、他人の事務管理に要した費用は償還されるということである（内田 2011：554）[10]。

このように事務管理に基づく場合には、本人の親族が申立人となり申立費用を負担した場合でも、その費用が償還されるため、申立人への負担を軽減できる可能性があると考えられる。

これら家手法28条と事務管理の見解は、実際の判決にはどのように反映されているのか。大阪地裁2003年3月19日判決を例として取り上げる[11]。本判決は、成年後見人に就任した子が、申立から就任期間中に支出した諸費用の償還を、本人（認知症の母親）に対して請求した事案であった。本判決において、手続費用については家手法28条によるものとされた。家手法28条に依ることを前提として、専ら本人（母）の利益のために申立人（子）が申立を行ったものと認められる場合は、実体法上の事務管理規定の類推適用の可能性があることを本判決は示した（中山 2009：160）。

このように、実務上は手続費用の負担について家手法28条に依るべきとされていると推測される（額田 2002：241）。その背景には手続費用の負担が、家手法28条の対象となっているために、安易に事務管理規定の類推は避けるべきであるとする考え方がある（東京家裁問題研究会 2013；新井ら 2014；赤沼ら 2015）。

しかし、家手法28条に基づいた判決では、手続費用の負担者が原則、申立人とされてしまっているという問題点がある。家手法28条でも本人に負担を求めることもできるが、常に本人への負担が認められるような判決が下るわけではない。また、本人への負担が認められたとしても、通常、手続費用の一部に留まっている。申立費用を回収できるかどうか不確定な仕組みでは、申立人を不安にさせるだけでなく、本来、連携すべき申立人と支援者との間の関係を壊す

ことにもなってしまうのである。

V　事務管理法理の適用可能性

　前節で述べたように、成年後見制度の申立費用における運用は、現行の法制度のもとでは、家手法28条に基づいている。しかし筆者としては、事務管理に基づき申立費用全体について償還が認められるようにするのが妥当だと考える。家手法28条に基づく運用に比べ、事務管理に基づいた運用は以下の二つの側面で有利であると考えている。

　1　手続の安定
　2　本人と申立人の良好な関係の維持

1　手続の安定

　家手法28条に基づいて申立費用を扱う場合、先述のように、裁判上の費用とそれ以外の費用とでは手続が分離している。その上、いずれの費用も、本人から回収できるか否かは不確定である。手続が煩雑な上に、申立費用を回収できるかどうか不確定な制度では、申立人はもちろんのこと、申立を支援する人からも敬遠されてしまうだろう。申立人にとって利用し易い制度にするためには、申立費用全体で統一して扱う必要があり、そのためには事務管理に基づく運用が適切と判断される。

　また、そもそも成年後見制度の申立に民事訴訟の申立規定を適用することにも問題があるのではないか。つまり、家手法28条に基づいて申立費用を扱うこと自体に無理があると考えている。一般に、民事訴訟においては、敗訴者が訴訟費用を負担するが（民事訴訟法61条）、成年後見制度の申立のような、いわゆる非訟事件においては敗訴や勝訴の概念がないため、申立人が申立費用を負担することになる（増田 2012：35）。しかしながら、このように申立費用を申立人の負担とするのは、申立人自身が、自己の権利や利益を主張するために申立をしたという状況だからこそ妥当性があるということができる。成年後見制度に

おいて、本人の判断能力は不十分なため、第三者が申立人になることが圧倒的に多い。つまり、申立人が、自己の権利、利益を主張しているのではない。したがって、成年後見制度の申立費用を、申立人が負担するのは、民事訴訟において申立費用を申立人負担にするとした本来の理由と乖離した運用といわざるを得ないと結論づけることができる。

2 本人と申立人の良好な関係の維持

　成年後見業務を円滑に進めていく上で、親族との連携と協働は有益である。成年後見制度において、成年後見人は身元引受けや医療同意を担うのは困難なため、そうした場合に親族に対して支援を求めることがある。親族からの支援があることで、施設入所を拒否されることを防ぐことができたり、適切な医療が提供されないという事態を防ぐことができる。また親族に対しては、成年後見人では提供できないような身上監護が期待できる。本人の不穏な状態が続いている時、親族が関わることで、本人の状態が落ち着くことが少なくない。親族からの支援は、本人にとって心の拠り所となる可能性もある。以上のように、親族は成年後見業務を円滑に進めていく上で有益な社会資源である。にもかかわらず、申立人となる親族に納得しづらい費用負担を求めているのが、現行の成年後見制度なのである。

　より良いソーシャルワーク実践のためにも、親族との連携と協働を壊す現行の費用負担のあり方は見直すべきであろう。岩間は、ソーシャルワークの特質の一つとして、「ネットワークによる連携と協働」をあげている。岩間によると、「ソーシャルワークにおけるネットワークとは、関係者のつながりによる連携・協働・参画・連帯のための状態および機能のことである」としている。そして、「ネットワークによる連携と協働は、援助の幅と可能性を大きく広げることができる」としている（岩間 2014b：17）。親族はソーシャルワーク実践において有益である。にもかかわらず、家手法28条による運用においては、申立人となる親族に費用負担が求められており、親族との連携と協働を壊す危険性を高めてしまっているのが現状である。現行の費用負担のあり方を見直し、事務管理に基づく運用を検討すべきではないだろうか。

Ⅵ　市長申立の整備

　本事例のような、親族は存在しているものの、本人との関与を拒否している場合とは別に、そもそも親族が所在不明であったりする場合も少なくない。本人や親族による申立が期待できない場合に、明石市では、市長申立を積極的に行っている。この市長申立を利用しやすい制度にしていくことは、申立費用の負担を拒否する親族の負担軽減に繋がることはもちろんのこと、本人と親族との関係を維持することにも寄与する。それだけでなく、親族の有無にかかわらず、全ての人が成年後見制度を利用することを可能にする利用促進の機能も果たしている。市内では2017年度の成年後見制度に係る市長申立件数は51件で、2007年度の 2 件から大幅に増加した。この市長申立件数は高齢者人口 1 万人あたりの市区町村長の申立件数に換算すると、6.6件となり、これは2018年12月25日の朝日新聞の記事によると主要105市区で 5 番目に多い値であった。

　このように明石市において市長申立の申立件数が多いのは、予防的な権利擁護を実践しているからである。予防的権利擁護について岩間は、「地域住民・組織による早期発見機能の遂行と予防的プログラムを重視することが具体的な内容となる。さらに加えて、事例の状況が安定してからの見守り機能による継続的支援の展開、そして発見から見守りまでの長期的対応を可能にするものである」と述べている（岩間・原田 2012：20）。この考え方を実践するために、明石市では成年後見制度のニーズを掘り起こすため、中学校区単位で定期的に「出張相談会」を開催している。これは社会福祉士や看護師らによる医療福祉よろず相談窓口である。このように明石市では問題が深刻化する前の取り組みとして、予防的権利擁護を実践している。

　以上のように、明石市では予防的権利擁護を実践するとともに、申立人の有無にかかわらず誰もが成年後見制度が利用できる環境整備として市長申立を充実させている。

Ⅶ　む す び

　本章では、Ｄ県Ｅ市で成年後見制度を利用するＦ氏の事例をもとに、次のことを明らかにした。現行の成年後見制度においては、申立手続の費用を申立人が負担しており、しかもその費用が回収できるかどうかが不確定であることを明らかにした。また、申立人と支援者との連携を維持するためには、現行制度の運用状況を改善する必要があることを示した。具体的には、裁判上の費用や裁判外の費用、申立関係費用といった申立費用全体を一体的に扱い、全て本人負担とするべきであるという見解を示した。一方で、明石市では市長申立を充実させることで、申立人の負担を軽減することに寄与していることを示した。

　成年後見制度を、誰もが使い易い身近な制度にするためにも、現行制度を改革することも検討していく必要があるだろう。たとえば、申立主義から職権主義への移行などである。少なくとも、本人の利益のために要した申立費用を、利益を享受しない申立人が負担するという不合理な現状は、早急に改善されるべきであろう。

1）　市長申立についての詳細は、第2章注5を参照のこと。
2）　「鑑定」とは、申立時に提出する医師の診断書とは別のもので、本人の判断能力がどの程度有るかを医学的に判定するための手続である。家庭裁判所が医師に鑑定依頼するかたちで行われる（日本社会福祉士会 2009：134）。最高裁によると、2018年1月から12月における鑑定費用のうち、96％が10万円以下であった（2017年は約97.5％であった）。また、5万円以下が55.1％であった（2017年は約57.8％であった）。
　　　　近時では、審理期間の短縮化やこうした鑑定費用の低額化が高まっており、その結果、鑑定を省略するという新たな問題が浮かび上がっている。2018年についてみると、後見開始、保佐開始、補助開始および、任意後見監督人選任事件の終局事件のうち、鑑定を実施したものは、全体の約8.3％（2017年は約8.0％であった）であった（最高裁判所事務総局家庭局 2018：12）。そもそも、成年後見制度は、利用者の行為能力を制限して、自由な自己決定に干渉するという側面がある。したがって、こうした制約を正当化するだけの必要性があるか否かを、鑑定を受けて慎重に調査することが、本来欠かせないと思われる。このことは、デュー・プロセス（法に基づく適正な手続）の観点からも、必要であるといわれている（上山 2010b：36）。ともかくも、鑑定を省略するという動きは、申立費用を原則、申立人負担としている現行制度に対する不満の表れであるように

も思える。

3 ）　後見センターか地域包括支援センターの申立支援を利用すれば、申立書面作成の費用
　　　負担を軽減できる可能性がある。実際に、E市では申立支援として、書類作成をE市後
　　　見センターの社会福祉士が代行していたことがあった。しかし、現在は司法書士法との
　　　抵触や、士業圧迫を理由に、申立書面作成の代行を控えている。

4 ）　梶村によれば、家手法28条 2 項 3 号でいう「利益」には、経済的利益のみならず成年
　　　被後見人という身分的地位の取得なども含まれている（梶村 2012：20）。

5 ）　以下の二つの判例から、費用負担に関する裁判所の裁量は、本人の資産状況によって
　　　影響されていることがわかる。
　　　　一つめの判例は、東京家裁2002年 5 月14日の審判である。裁判所は成年後見人の選任
　　　にあたって、主な支援内容が財産の処分・管理であったため、成年後見人に弁護士を選
　　　任している。この判例では、本人に一定の資産があったことから、手続費用については
　　　本人の負担とされた。もう一つは、大阪家裁2002年 5 月 8 日の審判である。身上監護が
　　　主な支援内容であったことから、社会福祉士を成年後見人に選任している。この判例で
　　　は、若干の預金と年金はあったものの、本人に資産がなかったことから、手続費用につ
　　　いては、申立人である市長の負担とされた。以上のように、本人の資産状況に照らし
　　　て、費用負担者が決定されていることがわかる。

6 ）　家手法では、手続費用を本人に求める場合、手続費用負担の審判を必ず求めるべきこ
　　　ととされた（家手法29条 1 項）。しかし、手続費用負担の審判を求める場合でも、これま
　　　でどおり上申書を提出することは、審判に影響すると思われる（坂野 2013： 9 ）。

7 ）　申立関係費用については、次のような処理が行われることがある。一旦、申立人や本
　　　人の親族等が支出し、成年後見制度開始後に、事務管理における有益費償還請求（民法
　　　702条）を類推適用して、本人の財産から償還を求めるという処理である。もしこの類推
　　　適用が認められるとすれば、申立関係費用に限らず本人以外の人が負担した裁判外の費
　　　用についても償還請求の対象となる可能性がある（赤沼ら 2015：168；新井ら 2014：
　　　38）。しかし、現行の成年後見制度では、裁判外の費用および申立関係費用の償還を求
　　　めることは原則として認められないという考え方が妥当とされている。

8 ）　諸外国ではすでに本人の自己負担を求めている。ドイツ世話法において世話関連支出
　　　は、被世話人の自己負担とされている（上山 2000：54）。

9 ）　本人とは疎遠な関係にある親族等が、福祉関係者から申立を促されて申立をし、本人
　　　に申立費用の負担を求める場合について、東京家裁後見センターは次のように述べてい
　　　る。「申立人として手続費用を負担した親族等は、事務管理法理（ママ）の類推適用によ
　　　り、成年後見制度開始の審判後、成年被後見人に対して有益費の償還を請求し得ると解
　　　される」（東京家庭裁判所後見問題研究会 2005：63）。
　　　　なお、親権者の財産管理権喪失宣告手続における申立に関して、事務管理規定の類推
　　　適用を認める裁判例として、高松高裁1956年12月 4 日判決がある。

10）　事務管理の文言について以下二点ほど言及する。事務管理の成立要件である「法律上
　　　の義務がないこと」には、「権限がないこと」も含まれるとするのが通説的見解である
　　　（近江 2010： 8 ）。よって、申立人に申立権限がある以上、事務管理は成立しないという
　　　批判があることが想定される。たしかに、管理の権限がある場合は、通常、管理行為の

効果はその権限の根拠となる契約や法規に規定されている。したがって、費用の償還を求めることはそれによることが可能である（たとえば、委任について、民法650条「受任者による費用等の償還請求等」）。しかし、成年後見制度の申立については費用の償還を求める規定がないため、事務管理規定を類推適用するほかないと考えられる（額田2002：241）。事務管理の成立要件である「他人のために」する意思というものは、通説では、自分のためにする意思というものと両立するとされている。たとえば、隣家の倒壊を防ぐ工事を施すことが、実は自分の家の損傷を防止する目的であった場合でも、他人のためにする意思と評価された事例がある（大判1919年6月26日判決）。よって、申立人が専ら自己のために行ったと主張しない限り、成年後見制度の申立と、これに伴う費用の支出行為等は「他人のため」の事務として評価できると考えられる（中山2009：162）。なお、民法697条についての詳細は、第2章VIを参照のこと。

11)　「清算金等請求事件（大阪地裁2003年3月19日判決）」

　　【事案の概要】

　　　子が母に対して、事務管理規定（民法702条）の類推適用に基づき、申立費用、財産保全活動に伴う費用等の返還を請求した事案であった。

　　【判決要旨】

　　　実質的に判断して、専ら成年被後見人のために支出した費用であると認められる限りにおいては、事務管理の規定（民法702条）を類推適用して有益費の償還を認めるべきであるとした。しかしながら、一方で次のような考え方も示した。家事審判手続の中で申立費用等の手続費用を負担させる裁判を得ることが可能であるときは、原則としてその手続内においてそのような費用負担を求めるべきであるとした。本事案において、申立人は職権発動を求めることなく法定の原則どおり自らが費用負担をすることを確定させた。したがって、申立人は別途償還を求めることはできないとされた。

12)　先述のとおり、わが国の現行制度は、成年後見制度の開始について、申立主義をとり、かつ、申立権者として本人および配偶者等の親族を原則としている。この申立主義について、法律上の明記された一定範囲の申立権者による申立がない限り、家庭裁判所が審判手続に入ることができないという批判がある。これに対して、ドイツの場合、申立権者を本人に限定する一方で、裁判所の職権発動を促す提案は誰でもできる形式になっている。つまり、ドイツでは、成年後見制度の手続の間口が非常に広くなっているので、ニーズの取りこぼしがほとんど生じない制度設計となっているのである（上山・菅2010：32）。

第4章

市民後見人養成プログラム
――市民自らが活動の担い手となるために――

I　はじめに

　本章では、成年後見制度における担い手の問題を取り上げる。日本における成年後見制度の利用者数は、成年後見制度を必要としている潜在的利用者数と比較して依然として少ないことは先述のとおりである[1]。一方で、最高裁は成年後見人には親族がふさわしいとする見解を示しながらも、親族後見人による不正が目立つことを理由に、成年後見人として親族を選任することを控えてきた経緯がある[2]。このような現状において、成年後見制度の新たな担い手として注目されているのが市民後見人である。

　市民後見人は、成年後見制度の新たな担い手としてはもちろんのこと、地域における地域福祉のリーダーとしての役割も期待されている。岩間は、「地域福祉の推進には、地域住民の主体性を育むことが何よりも重要になる」としている（岩間・原田 2012：194）。

　本章では主体性を発揮することができる市民後見人を養成する取り組みとして、明石市後見支援センターが運営する市民後見人養成プログラムを取り上げる。そして、このプログラムをとおして、市民後見人の主体性が形成される過程についても述べる。

Ⅱ　市民後見人の理念

1　市民後見人が必要とされる社会的背景：担い手としての社会福祉士の不足

　成年後見制度の利用が進まない状況を改善するために、2017年3月に利用促進計画が閣議決定された。利用促進計画は成年後見制度の利用の促進に関する施策の総合的かつ計画的な推進を図るために策定されたものである（内閣府2017b：1）。利用促進計画において、注目すべきは利用者にメリットを感じてもらえる制度にしていこうという趣旨である。なかでも、成年後見人が成年被後見人の意思決定を支援する身上監護に焦点を当てていることは特筆に値する。

　このような成年被後見人の身上監護を重視した利用促進計画を推進する上で、社会福祉士に対する期待は大きい。しかしながら、社会福祉士が成年後見人になる割合は他の専門職と比べて低い。2018年度における全国の各種専門職人口は弁護士が約4万人（日本弁護士連合会 2018：44）、司法書士が約2万人（日本司法書士会連合会 2018：25）、社会福祉士が約23万人（厚生労働省 2019：3）とされている。このように他の専門職に比べ社会福祉士の数は圧倒的に多い。しかしながら、2018年度における専門職後見人として選任された割合は、弁護士が約29.2%、司法書士が約37.3%であったのに対し、社会福祉士が約17.3%とわずかであった。

　社会福祉士が専門職後見人になる割合が少ないという状況は、明石市内においても同様であった。図4-1によると2018年度において、明石市後見支援センターが専門職後見人に成年後見人の受任を

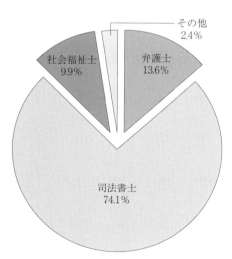

（図4-1）　2018年度 明石市における
専門職への依頼状況

依頼した事案のうち、社会福祉士が受任した事案はわずか9.9％であった。専門職後見人のなかで弁護士や司法書士と比べ社会福祉士が少ない要因の一つとして社会福祉士の雇用形態をあげることができる。弁護士や司法書士と異なり、通常、社会福祉士の多くが福祉施設等の機関で勤務する傍ら後見業務に従事している。したがって、社会福祉士が受任できる件数は自ずと限られてしまう。このような現状において、社会福祉士と同様、身上監護を重視する後見業務の担い手として注目されているのが市民後見人である。

2　明石市が目指す市民後見人像

　岩間を参考に、明石市における市民後見人を以下のように定義した（岩間・井上・梶田・田村 2012：14）（下線は筆者によるものである）。

　市民後見人とは、家庭裁判所から第三者後見人等として選任された一般市民のことである。明石市における市民後見人は、共償活動の理念に基づき、積極的な権利擁護と地域福祉の推進の新たな担い手として位置づけられている。明石市における市民後見人は、明石市後見支援センターによる養成と活動支援を受けながら、同じ地域に暮らす市民としての専門性を活かした後見活動を、主体的に展開することが期待されている。

3　「共償活動の理念」

　「共償」とは、市民後見人がともに後見報酬を分かち合おうとする考え方で、明石市社協の造語である。「共償活動の理念」とは、財産の有無にかかわらず、誰もが成年後見制度を利用できるように、市民後見人が地域福祉の理念である互助の精神をもとに自らの報酬を分かち合うという考え方である。

　明石市における市民後見人制度は、市民後見人に課される法的責務と、互助の精神に基づいている。具体的には、市民後見人は、法的責務を果たした成果として、家庭裁判所に報酬付与の申立を行う。それとともに、市民による支え合い活動の延長線上の取り組みとして、市民後見人は、その報酬の一部を後見基金に任意で寄付する。この寄付は、後見基金を介して明石市で活動する市民後見人の活動費および報酬として配分される。このように、明石市における市民後見人制度は、「市民後見人に課される法的責務に対する報酬としての側

面」と「地域福祉における市民同士が支え合う互助の精神としての側面」を表裏一体として捉え、市民後見人の活動が安定かつ継続可能なものとして発展できるように考案された明石市独自の制度である。そして、この明石市独自の制度を支えているのが、共償活動の理念なのである。

4 積極的権利擁護

　ここでいう積極的権利擁護とは、岩間が提唱しているものである（岩間 2007：7）。岩間は、擁護の対象となる権利の範囲を拡大し、積極的権利擁護に向けて取り組むことが必要であるとしている。図4-2は狭義の権利擁護と積極的権利擁護の関係を図示したものである。狭義の権利擁護は、権利侵害からの保護と基本的ニーズの充足を目的としている。権利侵害からの保護とは、虐待、消費者被害、財産被害等の経済的被害、機会の剥奪や不当な扱い、差別や中傷等、その他不当な不利益を与える権利侵害から本人を守ることである。基本的ニーズの充足とは、人として生活するのに最低限必要な衣食住をはじめとする生活上の基本的なニーズを充足することである。このような狭義の権利擁護のみでは、人間の尊厳を尊重したことにはならないと岩間は主張している（岩間 2007：6）。

　積極的権利擁護とは、本人らしい生活、すなわち、その人らしい人生を歩むことができるようにするといった自己実現に向けた取り組みである。具体的には、本人が自分にとってのあるべき生活を社会資源を活用しつつ主体的に創造していくことである（岩間 2007：7）。

　以上のように積極的権利擁護とは、生命や財産を守り、権利侵害から保護するというだけでなく、本人の生き方を尊重し、本人らしい生活に向けた取り組みである。

（図4-2）積極的権利擁護と狭義の権利擁護
出所：岩間（2007：6）を一部加工し筆者作成

Ⅲ　市民後見人の養成・支援

　明石市における市民後見人は、積極的権利擁護と地域福祉の推進に主体的に取り組むことが期待されている。しかしながら、本来は国および自治体が整備すべき成年後見制度を、主体性を理由に、市民後見人制度として市民に丸投げすることはあってはならないことである。そこで、明石市では、明石市市民後見人養成プログラムをもとに市民後見人の養成と活動支援を行なっている。以下では、明石市市民後見人養成プログラムをもとに市民の主体性の形成過程について確認する。

1　市民後見人養成プログラム

　市民後見人養成プログラムとは、市民後見人養成講座の受講開始から市民後見人になるまでの一連の過程のことである。この市民後見人養成プログラムは、三つの過程を用意している（図4-3）。

　第一段階が基礎の定着期である。合計36時間（6日間）の養成講座が用意されている。養成講座は、座学を中心に日常生活自立支援事業の生活支援員に同行する実習期間も設けている[4]。この同行訪問は、養成講座の受講生が実習をとおして学びを深めるとともに、生活支援員が受講生とのかかわりをとおして学びを深めることにも繋がっている。生活支援員と受講生、立場は違えど、同じ地域住民同士が実習をとおして学び合うことは、権利擁護の普及啓発活動でもあり、地域の福祉力の向上にも繋がると考えている[5]。

　第二段階が、専門性の向上期である。養成者講座の修了者は、市民サポーターとして登録する。そして、日常生活自立支援事業をはじめとした権利擁護活動に一定期間従事した後、明石市後見支援センターの法人後見支援員として活動することになる。

　第三段階が、市民後見人の活動期である。市民サポーターは、市民後見人候補者登録を行う。登録後は、法人後見支援員や市民後見人として活動しながら広報啓発に励むことになる。

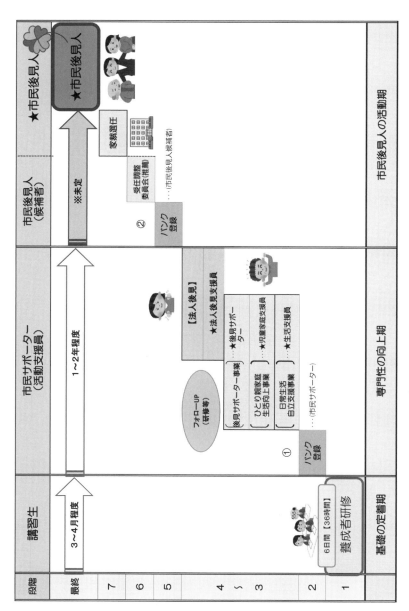

（図４－３）市民後見人養成プログラム

出所：明石市後見支援センター

　この明石市市民後見人養成プログラムにおいて、特徴的なのが以下の四点である。

⑴　多様な活動分野
⑵　安全・安心な市民後見人活動
⑶　地域性を重視した支援
⑷　広報啓発活動

⑴　多様な活動分野

　一般に、市民後見人養成講座を行う自治体で問題となるのが、修了者の活動分野である。通常、自治体で用意されている活動分野は、日常生活自立支援事業である。

　明石市においては、日常生活自立支援事業の利用者が年々増加しており、2019年５月における実利用者数は兵庫県内で第２位であった。この利用者が増加する日常生活自立支援事業に、修了者である市民サポーターを生活支援員として積極的に受け入れていくよう心がけている。しかしながら、日常生活自立支援事業のみでは、修了者の受け皿として充分であるとは言い難い。そこで、日常生活自立支援事業のほかに、後述するような明石市社協独自の事業を設けることで、市民サポーターに多様な活動分野を提供するようにも努めている。多様な活動分野を提供することで、市民サポーターがモチベーションを維持することを目指すだけでなく、支援者としての視野を広げることも見据えている。市民サポーターの活動分野は以下の三つである。

①　ひとり親家庭生活向上事業における児童家庭支援員

　ひとり親家庭生活向上事業とは、児童扶養手当の受給者のなかで、家計や子育てに関する相談を希望する人に対し、児童家庭支援員が毎月家庭訪問を行うものである。家庭訪問の際には、任意で家計簿の提出を求めている。家計簿を提出した受給者は、１ヶ月間の家計を児童家庭支援員とともに振り返る。児童家庭支援員は、受給者が家計管理の技術を身に付けることができるように支援する。

② あかし後見サポーター事業における後見サポーター

あかし後見サポーター事業とは、専門職後見人または親族後見人が選任されている事案を対象に、後見サポーターが同じ地域に住むよき隣人・理解者として、成年後見人や福祉専門職等と連携し、身上監護の充実に努めるものである。生活支援はもちろんのこと、必要があれば成年被後見人の支援会議にも成年後見人とともに参加する。後見サポーターが各種専門職と連携することで、専門職による支援を学ぶことができるだけでなく、専門職とのネットワークの形成にも繋がっている。

③ 法人後見における法人後見支援員

明石市後見支援センターは法人後見も行っている。市民サポーターは明石市後見支援センターが行う法人後見支援員として、成年被後見人の財産管理や身上監護等の具体的支援を行っている。このように、市民サポーターは法人後見支援員をとおして、将来受任することとなる成年被後見人と事前に関係を構築することができている。

⑵ **安全・安心な市民後見人活動**

① 受任方式

市民後見人が明石市後見支援センターに期待していることは、市民後見人活動を安定して遂行するための環境整備である。たとえば、市民後見人が法律問題で困った時に法律相談をとおして迅速に対応することや、市民後見人が違法性のある後見業務を遂行しないように監督することなどである。そこで、明石市後見支援センターでは、受任方式として図4-4の2監督型を採用している。まず、市民サポーターは、日常生活自立支援事業の生活支援員として実務を経験する。次に、日常生活自立支援事業で培った実務経験をもとに、法人後見支援員として成年被後見人を支援する。さいごに、法人後見支援員として支援してきた成年被後見人を、市民後見人として引継ぐことになる。このように、明石市後見支援センターでは一貫した支援体制のもとで市民後見人に成年被後見人を引継ぐことができる受任方式を採用している。

② 総合補償制度の設立

市民後見人制度を明石市後見支援センターで運営する際に、次のことが問題

2

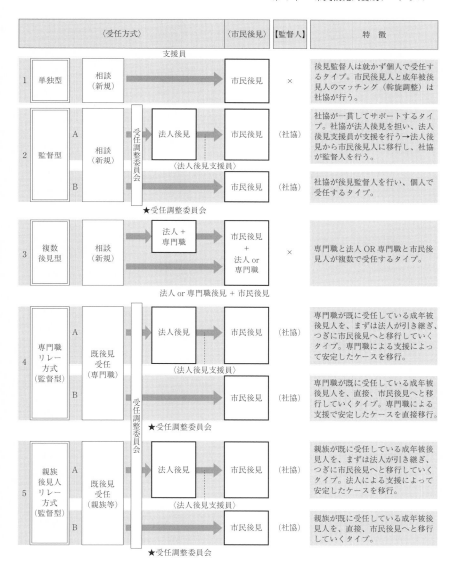

（図 4 - 4）市民後見人制度における受任方式

出所：明石市後見支援センター

（表 4 - 1 ）市民後見人総合補償制度

補償項目		市民後見人総合補償制度
第1補償	業務遂行に起因する賠償責任補償（賠償責任保険）	市民後見人による業務の遂行に起因して発生した他人の身体の障害、他人の財物の損害、人格権侵害、他人の経済損害、被後見人等の情報の漏洩またはそのおそれ等により、市民後見人に対して損害賠償請求がなされたことによって損害を被った場合
第2補償	就業中の傷害事故補償（傷害保険）	市民後見人が、就業中（業務従事中）に急激かつ偶然な外来の事故により傷害を負った場合。なお、業務従事中に加え、就業場所と自宅との通常の合理的な経路における往復途上での事故も補償対象となる

出所：コンパス保険

（表 4 - 2 ）後見監督人総合補償制度

補償項目		後見監督人総合補償
第1補償	業務遂行に起因する賠償責任	法人後見監督人が、業務の遂行に起因して他人に損害を与えた場合
第2補償	業務従事者の不誠実行為に起因する損害賠償（詐欺、横領、背任行為等）	監督下にある市民後見人が、業務に起因して行った不誠実行為により、後見監督人として善管注意義務を問われ社協が損害を被った場合
第3補償	社協が管理する、金銭・有価証券等の補償	後見監督人が、被後見人から管理委託を受けた預貯金・有価証券類を盗まれたりして被後見人に損害を与えた場合
第4補償	利用者本人に対する傷害補償（職員同行時のみ）	被後見人が、社協の職員と同行して外出中に急激かつ偶然な外来の事故により傷害を負った場合
第5補償	市民後見人に対する傷害補償	市民後見人が、本来の業務に従事中に急激かつ偶然な外来の事故により傷害を負った場合。なお、業務従事中に加え、就業場所と自宅との通常の合理的な経路における往復途上での事故も補償対象

出所：コンパス保険

になった。それは、市民後見人の過失により業務遂行上で生じた損害賠償責任に対して、市民後見人および監督人である明石市社協をいかに保護するかということであった。とくに次の二つが問題になった。一つは市民後見人の後見業務中に情報漏洩が生じた場合、もう一つは市民後見人が詐欺・横領・背任行為等の不誠実行為を行った場合であった。これらの場合に、明石市社協の法人後見監督人としての責任をどのように担保するかが問題となった。[6]

　そこで保険会社と協議して、以下のような保険制度を策定するに至った。市民後見人による情報漏洩で生じた損害に対しては、市民後見人総合補償制度（表4-1：第1補償）を設けた。さらに市民後見人の不誠実行為に対して明石市社協が負担する損害については後見監督人総合補償制度（表4-2：第2補償）を

設けた。

⑶　地域性を重視した後見活動

　明石市内を6ブロックに分割し、ブロック内の市民後見人候補者が当該ブロックで生活する成年被後見人を受け持つようにしている。市民後見人が成年被後見人と同じ地域に居住し、その地域にある社会資源を活用して、地域密着型の支援を展開することで成年被後見人の利益に繋がる後見活動を展開することが目的である。地域性を重視した支援を展開することで、市民後見人が住民相互の助け合い活動を中核とする地域福祉の重要な推進者になることが期待されている。

⑷　広報啓発活動

　岩間は、福祉教育の推進方法として、「地域住民の誰もが福祉教育を受ける権利を持つという思想のなかで双方向的な関係形成が必要であり、どのような

【地域での出前講座】

【福祉施設での研修】

（図4-5）市民後見人による広報啓発活動
出所：明石市後見支援センター

立場であってもお互いが学び合うという構造が福祉教育では大事にされなければならない」としている（岩間・原田 2012：198）。市民による広報啓発は、福祉専門職による広報啓発とは異なり、市民としての当事者性をもとに臨場感ある広報啓発を期待されている。

　明石市後見支援センターは、市民後見人および市民後見人候補者が地域での出前講座や、福祉施設職員を対象にした研修など、市民の観点から成年後見制度の広報啓発ができる環境を整えている（図4-5）。

2　市民の意識の変容

　明石市後見支援センターによる養成課程のプログラム開発（市民後見人養成プログラム）は、市民の意識の変容を促した。この市民の意識の変容として、市民が主体性を発揮する以下の二つの取り組みをあげることができる。

(1)　市民後見人候補者勉強会の設立

　市民後見人養成プログラムには、専門性の向上期（図4-3）に市民後見人や市民後見人候補者名簿登録者が実務で生じる問題を共有し、学び合うための機会が設けられていなかった。もちろん、市民後見人養成講座修了者を対象にフォローアップのための制度として研修等の機会を設けてはいる。しかし、これは交流会としての要素が強く、市民後見人活動をとおして生じた個別の問題等を共有し、解決していくような機会は設けられてはいなかった。

　そこで、市民後見人と市民後見人候補者名簿登録者の間から、実務の課題や

（図4-6）市民後見人候補者勉強会
出所：明石市後見支援センター

（図 4 − 7 ）市民後見人による後見基金への寄付
出所：明石市後見支援センター

不安を共有し、学び合うことができる場を設けたいとする主体的な動きが生じ始めた。その結果、2019年度から市民後見人を中心に勉強会を定期的に開催することとなった。この勉強会では 1 時間程度の講義に続けて、30分程度の意見交換も行っている。ここで学んだ知識は、後見業務はもちろんのこと、広報啓発の場でも十二分に発揮されている。つまり、市民後見人の成長が地域社会に還元されているのである。

　さらに、特筆すべきは、このような好循環を生み出す勉強会の費用が、市民の寄付をもとに創設した後見基金から支出されていることである。この勉強会が市民後見人の専門性の向上はもちろんのこと、広報啓発というかたちで地域の福祉力の向上にも繋がっているのである。以上のように市民自らが市民後見人候補者勉強会を創設し、市民後見人養成プログラムの不備を補うところに市民の主体性をみてとることができるのである。

⑵　後見基金への寄付

　これまでに、 2 名の女性の市民後見人が、後見基金に後見報酬を寄付した。彼女たちは、持続可能な市民後見人制度を実現するために、寄付のあり方について熟慮を重ねた。その結果、市民後見人の報酬助成の額が上限 6 万円であること、市民後見人の活動費が年間 4 万8,000円かかること、これらを勘案し、それぞれ報酬額のおよそ半分の12万円と 6 万円を後見基金に寄付した[7]。彼女たちは、後見報酬からの寄付だけでなく、地域での広報啓発活動で得た報酬をも全て後見基金に寄付した。自らの報酬をもとに後見基金をどのように運営して

いくのかを市民自らが考え、寄付というかたちで行動する、ここに市民の主体性をみてとることができるのである。

Ⅳ　むすび

　本章では主体性を発揮することできる市民後見人を養成する取り組みとして、明石市後見支援センターが運営する市民後見人養成プログラムを取り上げた。そして、養成プログラムの過程で生じた市民の意識の変容について論じてきた。市民の意識の変容としては、市民の主体性の形成、具体的には、市民後見人候補者勉強会の設立と後見基金への寄付をあげた。

　市民後見人養成プログラムにおける課題は、市民後見人養成講座修了者の多くが、第2段階の実践（図4-3専門性の向上期）にまで至らないことである。重要なことは、市民自らが問題解決に取り組むこと（実践）である。市民が共感し、市民自らが問題解決に取り組む魅力ある事業展開ができるよう、明石市後見支援センターは市民後見人養成プログラムをさらに発展させていく必要がある。

1）　詳細は序章を参照のこと。
2）　親族後見人が成年被後見人の財産を使い込むなど親族らによる不正が最も多い時期が2014年で、全国で809件、約51億1,000万円に上った（内閣府 2017：41）。
3）　後見基金についての詳細は、第6章を参照のこと。
4）　日常生活自立支援事業についての詳細は、第1章Ⅱを参照のこと。
5）　原田は地域の福祉力について「共に生きるという価値を大切にし、実際に地域で相互に支え合うという行為が営まれ、必要なシステムが構築されていくこと」と述べている（岩間・原田 2012：168）。
6）　広島高判2012年2月20日では、成年後見人らの横領に対して、家事審判官が適切な監督処分をしなかったとして、国家賠償請求を認容した。このように裁判所が監督責任を追及される状況下で、市民後見人制度を運営する社協にとっては、監督人としてのリスクをいかに担保するのかが課題とされていた。
7）　後見基金の運用についての詳細は、第6章Ⅲ1を参照のこと。

第5章

成年後見制度利用支援事業の役割

I　はじめに

　本章では、成年後見制度の利用に係る費用を支援する制度として、成年後見制度利用支援事業を取り上げる。そして、明石市後見支援センターが支援する高齢者世帯の事例をもとに、成年後見制度利用支援事業の推進が「成年後見制度の社会化」にとって効果があることを明らかにする。

II　成年後見制度利用支援事業の概要

1　成年後見制度利用支援事業とは

　成年後見制度利用支援事業は、成年後見制度の利用を支援するため、一定の要件のもとで助成する制度である。主な内容として、市町村長が行う成年後見制度の申立における申立費用や成年後見人の報酬の全部または一部を助成することがあげられる。

2　成年後見制度利用支援事業の現状と課題

　成年後見制度利用支援事業の利用率は極めて低調である。厚生労働省老健局によると、2015年度における成年後見制度利用支援事業の実施市町村数の割合は81.3％であったのに対し、報酬助成における成年後見制度利用支援事業の利用者の割合は、成年後見制度を利用した人のうち1.98％に過ぎなかった[1]。設置率の高さにもかかわらず利用率が増加しないのは、成年後見制度利用支援事業

の仕組みに問題があるためだと考えられる。

　まず、各自治体が成年後見制度利用支援事業の年度の予算を立てることが困難であるということがあげられる。たとえば、費用規模の点である。認知症高齢者等の出現率から成年後見制度利用支援事業の利用者数を推定できるが、このうち、報酬を自ら負担するだけの資力のない人や、親族が成年後見人になることが期待できない人がどの程度いるのかを推定することは困難である。さらに報酬額においても、本人の財産をもとに家裁が審判を下すため、報酬額の予想を立てることは難しい。そして、このように見通しが立ちにくい事業にもかかわらず、実施主体は市町村とされている。市町村自らが財源負担を担う上に、必要経費を推計しにくいという状況から、自治体は成年後見制度利用支援事業に対し慎重にならざるを得ない。また、成年後見制度利用支援事業が任意事業であり、必須事業に比べ財源が優先的に充当されないのも、事業推進を妨げる要因となっている。

　成年後見制度利用支援事業の仕組みがその運営を妨げる事態は、かつての明石市でも生じていた。2015年度までの明石市成年後見制度利用支援事業実施要綱（以下「旧要綱」）は次のとおりであった（下線は筆者によるものである）。

（後見人等の報酬の助成）
「第五条　市長は、審判請求により後見人等が選任された対象者（以下「被後見人等」という）が次の各号のいずれかに該当する場合は、当該被後見人等に対して後見人等の報酬の全部又は一部を助成するものとする。
一　現に生活保護法第六条第1項に規定する被保護者である者
二　後見人等の報酬の費用を負担することで、生活保護法第六条第2項に規定する要保護者となる者
三　その他助成を必要とする特別の理由があると市長が認める者

　下線部のとおり、旧要綱5条1項に「審判請求により」との文言があった。これにより、成年後見制度利用支援事業の対象者が、市長申立の場合に限定されてしまっていた。一般的に市長申立は、後見類型で親族がいないことが条件とされている。すなわち、当時は旧要綱に基づき、保佐・補助類型の人は成年後見制度利用支援事業の対象者とは認められなかったのである。

以下では、旧要綱に起因する社会福祉現場の問題点を、高齢者世帯における後見実務をもとに明らかにする。

Ⅲ　資力の乏しい世帯における後見報酬に関する問題

1　事例対象の選定

　成年後見制度の申立が難航する場合として、後見報酬を支払うための財産がない事例が多く見受けられる。この代表例として、Ⅰ氏の事例を選定した。

2　倫理的配慮

　本事例は、明石市後見支援センターが管理するⅠ氏のケース記録をもとに作成されており、特定の事例として判別できないように改変、加工した。また、本事例を研究以外の目的に使用しないことを、Ⅰ氏の成年後見人および明石市後見支援センターに説明した。Ⅰ氏の成年後見人および明石市後見支援センターには論述内容を確認してもらい、同意を得た上で、同意書に署名をしてもらった。

3　事例の概要

　Ⅰ氏は、70歳代後半の要介護2の男性であった。計5回の脳梗塞が原因で判断能力が低下し（保佐類型）、左半身不随があった。右眼はほぼ見えておらず、歩行が不安定で転倒することが少なくなかった。また当時は在宅生活を送っていたが、施設入所を希望していた。

　Ⅰ氏には70万円程度の債務があり、本人の浪費により債務はさらに拡大していた。通信販売で高額の羽毛布団を購入したり、一日中エアコンをつけっぱなしにしたりするといった浪費を防ぐため、以前は、近所に住む姪がⅠ氏の通帳および通帳印を管理していた。しかし、Ⅰ氏のお金を使い込んでいるとⅠ氏本人から疑われたことが原因で、姪は早々にⅠ氏の金銭管理を放棄した。Ⅰ氏と姪の関係は悪化し、姪の代わりにⅠ氏の担当ケアマネジャーが一時的な金銭管理を行うこととなった。将来の施設入所および債務整理のため、明石市後見支

援センターはＩ氏に成年後見制度の利用を勧めたが、後見報酬を支払えないことを理由に、Ｉ氏はこれを拒否していた。

4　本事例の考察

　成年後見制度に必要な費用負担として、申立費用と後見報酬がある。費用負担が困難な場合、申立費用については、法テラスが設けている申立費用の立替制度を利用することができる。²⁾この立替制度によりＩ氏の場合、月々5,000円程度の返済で申立費用を賄えることとなり、成年後見制度を利用することについてＩ氏本人にも同意を得ることができた。

　Ｉ氏の費用負担でとくに問題となったのが、後見報酬であった。Ｉ氏は保佐類型に該当していたため、旧要綱においては市長申立の対象ではなく、成年後見制度利用支援事業の対象者として認められなかった。

　そこで、明石市後見支援センターが運営する日常生活自立支援事業の利用が検討された。³⁾しかし、この当時、日常生活自立支援事業の待機件数は15件に達しており、利用までにかなりの待ち時間を要することが予想された。したがって、Ｉ氏が日常生活自立支援事業を利用することは見送られた。

　このように日常生活自立支援事業の待機件数が多くなる理由として次の二点が考えられる。まず、日常生活自立支援事業は費用負担が少なく、保佐・補助類型の利用者の多くが成年後見制度より日常生活自立支援事業を選択する傾向にあるためである。後見報酬が月々２万円程度かかるのに対して、日常生活自立支援事業であれば月々1,000円程度で済む。⁴⁾

　また、日常生活自立支援事業の利用希望者のなかには、債務整理等の高度な法律行為を要する人が多数含まれているためである。⁵⁾日常生活自立支援事業の担当職員は法的知識が乏しいため、日常的金銭管理のような日常生活行為を主な業務として担っており、成年後見制度のように債務整理を行うほどの高度な法律行為は期待できない。⁶⁾したがって、債務整理を要する事例を日常生活自立支援事業で扱うと、契約前の課題整理に時間を費やしてしまい、契約するまでにかなりの時間を要することとなる。結果として日常生活自立支援事業の待機件数が積み重なり、専門職後見人が引き継ぐことになる。最終的に資力が乏し

い成年被後見人においては専門職後見人が無報酬で対応せざるを得なくなるのである[7]。

　以上のように、費用負担が理由で成年後見制度を利用できない場合、適切とは言い難い方法で対応せざるを得ない。たとえば、日常生活自立支援事業で対応する、ケアマネジャー等のような金銭管理をする権限のない人が一時的に金銭管理を行う、専門職後見人が無報酬で後見業務を行うといった方法である。

Ⅳ　成年後見制度利用支援事業の拡大

1　明石市の取り組み

　明石市では、明石市後見支援センターを中心に、定期的に成年被後見人候補者の受任調整会議を開催している。受任調整会議は、各種専門職（弁護士・司法書士・社会福祉士）および明石市職員（地域共生社会室・高齢者総合支援室・障害福祉課）で構成されている。後見報酬の負担を理由に成年後見制度が利用できない人が存在することや、専門職後見人が無報酬で後見業務を行わなければならないこと、そしてこれらの問題が高齢化率の増加に伴いさらに深刻化していくことが、受任調整会議では発足当初から問題視されてきた。判断能力の低下は誰にでも起こり得る問題であり、こうした問題に対する支援制度である成年後見制度を利用する権利は、平等に享受すべき権利である。この権利が自治体の財政事情によって行使できない事態は回避すべきだということが、受任調整会議において議論されてきた。

　利用促進法11条１項１号では、保佐・補助類型の人が成年後見制度を利用するために必要な措置を講ずる必要があると規定されている。さらに利用促進法５条には、このような措置を講ずることは、国と同様に自治体の責務とされている（新井 2016：４）。リーガルサポート兵庫支部明石地区は、利用促進法に示されている公的責務を喚起するとともに、成年後見制度利用支援事業の推進が必要であることを伝えるため、「成年後見制度利用支援事業の適用対象者拡大について」の要望書を明石市に提出した[8]。さらに、明石市後見支援センターが中心となって各種専門職の意見を取りまとめた。そして、明石市後見支援セン

ターが主催する受任調整会議において、明石市の担当者と成年後見制度利用支援事業の推進についての協議に入ることとなった。

　これらの取り組みの結果、2016年度に旧要綱5条から「審判請求により」との文言が削除された。これらの手続によって作成された要綱を、以下「新要綱」と記載する。新要綱においては、成年後見制度利用支援事業の対象者が市長申立以外の場合にも認められた。すなわち対象者を後見類型に限定せず、保佐・補助類型に対しても認めることとなった。

2　新要綱の実施とその効果

(1)　新要綱実施後の本事例の経過

　新要綱が実施されたことで、I氏の後見報酬21万6,000円が成年後見制度利用支援事業で担保されることとなり、I氏の同意のもと成年後見制度の手続が進められた。司法書士が保佐人に就任した後、I氏においては、通信販売による買い込みがなくなっただけでなく、債務整理も進んだ。保佐人が選任されたことで、I氏は希望どおり高齢者施設に入所することができた。悪化していた姪との関係も、保佐人が関与することで現在は安定している。関係修復の結果、I氏が高齢者施設へ入所する際、I氏の姪が身元保証人を担うこととなった。現在、姪は定期的にI氏を訪問している。[9]

　このように、I氏の姪と保佐人が各々の特徴を活かしてI氏に関わることで、I氏は安定した生活を送っている。

(2)　新要綱実施の効果

　新要綱を実施したことで、明石市後見支援センターによる専門職後見人への受任依頼が増加し、保佐・補助類型の人が成年後見制度を利用し易くなるという効果が得られた。図5-1は、明石市後見支援センターが専門職後見人へ後見業務の受任を依頼した事例の内訳である。旧要綱が実施されていた2015年度において、明石市後見支援センターが専門職後見人に後見業務を依頼（以下「受任依頼」）した総数が19件（後見11件・保佐5件・補助3件）であった。新要綱実施後の2016年度において、明石市後見支援センターが受任依頼した総数が前年比約2.2倍の42件（後見15件・保佐23件・補助4件）に増加した。また新要綱実施前

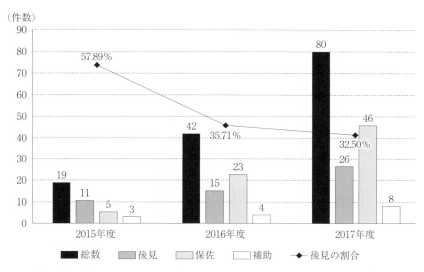

（図 5 - 1）明石市後見支援センターが専門職後見人へ後見業務の受任を依頼した事例の内訳
出所：明石市後見支援センター「専門職バンク依頼」をもとに筆者が作成

　の2015年度と実施後の2016年度の受任依頼の内訳を比較すると、後見類型と保佐・補助類型との割合が逆転している。2015年度の受任依頼の内訳をみると、後見類型が全体の約60％を占めていた。2016年度はこの割合が全体の約35％に減少し、保佐・補助類型の受任依頼が約65％に増加した。これは、利用促進法11条１項１号が求めている、保佐・補助類型の人が成年後見制度を利用し易い環境が整えられたことを示している。受任依頼件数や、保佐・補助類型の利用件数の割合における増加傾向は、2017年度でも同様にみられた。2017年度の受任依頼の総数は、前年比約1.9倍の80件（後見26件・保佐46件・補助８件）であった。そして、その内訳は約68％を保佐・補助類型が占めていた。

　成年後見制度の利用が進められたことで、日常生活自立支援事業から成年後見制度への移行も進んだ。旧要綱が実施されていた2015年度において、日常生活自立支援事業が解約された件数は９件で、このうち成年後見制度へ移行したのはわずか２件（約22.2％）であった。これが、新要綱が実施された2016年度では解約件数が13件で、このうち成年後見制度へ移行したのは６件（約46.2％）で

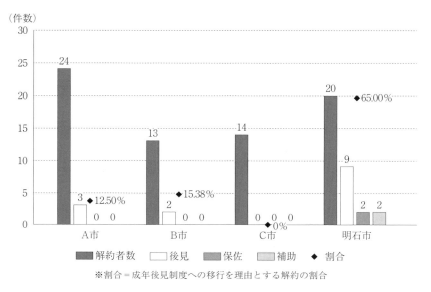

（件数）

（図5-2）2017年度における各市の日常生活自立支援事業の解約件数とその内訳

出所：兵庫県社会福祉協議会（2018）をもとに筆者が作成

あった。2017年度においては解約件数が20件あり、このうち成年後見制度に移行したのは13件（65.0%）もあった。図5-2は、兵庫県内の日常生活自立支援事業の契約件数上位4市（A市89件・B市80件・C市78件・明石市75件）における日常生活自立支援事業の解約件数とその内訳を表したものである。明石市では、他市と比較して、成年後見制度への移行を理由として日常生活自立支援事業の解約する割合（A市12.5%・B市約15.4%・C市0%・明石市65%）が高いことが分かる。このことは、全国平均が約23.9%であることからも明らかである。新要綱が実施されたことで、要移行者は円滑に成年後見制度に移行することができたといえる。

　以上のように成年後見制度の利用が進んだことで、日常生活自立支援事業の待機件数の問題は、現在解消されている[10]。

Ⅴ　む す び

　本章では、明石市後見支援センターが支援する高齢者世帯の事例をもとに、成年後見制度利用支援事業の推進が「成年後見制度の社会化」にとって効果的があることを明らかにした。そして「成年後見制度の社会化」の成果として、必ずしも適切だとは言い難い方法による対応、すなわち①日常生活自立支援事業による対応、②金銭管理をする権限のない人による金銭管理、③専門職後見人による無報酬での後見業務等が解消されていることが確認された。

　しかしながら、次のような課題も残されている。たとえば、本章では高齢者世帯の事例を取り上げたため、成年後見制度利用支援事業に関する考察が高齢者に限定されていることや、日常生活自立支援事業から成年後見制度に移行し難い理由として日常生活自立支援事業の国庫補助事業のあり方について言及していないことなどである。これらの視点も含めた研究は今後の課題としたい。[11]

1 ）　厚生労働省老健局（2015）。
2 ）　民事法律扶助といい、資力の乏しい人のために裁判費用を立て替える制度である。
3 ）　日常生活自立支援事業の詳細については、第 1 章Ⅱを参照のこと。
4 ）　日常生活自立支援事業の利用料および専門職後見人の報酬額の目安は第 1 章Ⅲ 2 を参照のこと。
5 ）　成年後見制度の費用負担が困難な人は成年後見制度よりも日常生活自立支援事業を利用する傾向があることは各々の利用料から明らかである。そして、費用負担が困難な人は、負債を抱えている人が少なくない。すなわち、成年後見制度の費用負担が困難で日常生活自立支援事業を利用する人は債務整理を要する人が多数存在する。
6 ）　日常生活自立支援事業と成年後見制度の比較については、第 1 章図 1 - 1 を参照のこと。
7 ）　旧要綱時の2015年度において、明石市後見支援センターが専門職後見人に後見業務を依頼した事例19件のうち、10件は専門職後見人が無報酬で後見業務を行った事例であった。
　　　2015年 6 月時点でのリーガルサポート兵庫支部明石地区の調べでは、司法書士16名が受任する成年後見事例のうち28件が無報酬で受任した事例であった。つまり司法書士は一人あたり平均1.75件の無報酬事例を受任せざるを得ない状況にあった。
　　　一部には、「専門職後見人が無報酬で後見業務を行うことはいけないことなのか」という意見もあった。しかし、無報酬であるにもかかわらず受任を求めることは、専門職後

見人が後見業務そのものを敬遠する事態に陥ってしまうと明石市後見支援センターは危惧していた。

8）　この要望書では、次の二点が述べられている。一つは、成年後見制度の利用が必要であっても経済的理由によりその利用を断念せざるを得ない事態があること。もう一つは、無報酬で受任しなければならない事例が増加することで、司法書士が成年後見制度の受任を敬遠する可能性があることである。

9）　成年後見人が就任しているにもかかわらず、身元保証人（身元引受人）が必要であるか否かという議論がある。身元保証（身元引受）の定義も含めてみずほ情報総研株式会社の調査が参考になる。現在は、成年後見人が就任していれば身元保証人（身元引受人）を要しない傾向になりつつある（みずほ情報総研株式会社 2018：58）。

10）　日常生活自立支援事業の待機者が解消していることで、日常生活自立支援事業が成年後見制度の補完的制度として新たな機能を発揮している。成年後見制度とは異なり、安価で迅速に利用できる日常生活自立支援事業の特徴を活かして、成年後見制度の新規の利用者を掘り起こすという機能を発揮している。ここでいう成年後見制度の新規の利用者を掘り起こすとは、金銭管理されることに抵抗のある人が、試みとして日常生活自立支援事業を利用するということである。成年後見人が就任すると、解任事由等の相当な事由がない限り成年後見制度は継続する。つまり成年後見制度の審判が確定すると、成年被後見人は、成年後見人の管理下に一生涯置かれてしまうという不安に駆られることが少なくない。これに対して、日常生活自立支援事業は契約に基づく制度である。したがって解約すれば終了するため、試みとして利用することができる。

11）　要移行者が速やかに成年後見制度に繋がるためにも、一定のインセンティブが必要である。そこで、成年後見制度への移行を理由とする日常生活自立支援事業の解約には助成する仕組みが効果的であると考えている。現在、日常生活自立支援事業の補助金は契約件数に反映するように設計されている。したがって、日常生活自立支援事業の補助金を獲得するためには、契約件数が下がることがないように、死亡や施設入所等、解約せざるを得ない事情が生じるまで日常生活自立支援事業を解約しないのが一般的である。このことは、図5-2において、明石市を除き、成年後見制度を理由とした解約が軒並み低いことからも明らかである。日常生活自立支援事業における国庫補助事業のあり方を今一度見直すとともに、助成制度を取り入れた新たな仕組みを検討する必要がある。

第6章

後見基金の設立とその効果
——成年後見制度の社会化と地域福祉の推進を目指して——

Ⅰ　はじめに

　成年後見制度利用支援事業が、「成年後見制度の社会化」を促進させる上で効果的であることは、第5章で明らかにした。本章では、明石市社協独自の成年後見制度に特化した助成制度として後見基金を取り上げる。そして、後見基金が「成年後見制度の社会化」にとって効果があるだけでなく、地域福祉の推進にも寄与することを明らかにする。

Ⅱ　後見基金の成り立ち

1　後見基金発案の端緒

　明石市後見支援センターは、受任調整会議をとおして、日々各種専門職との連携に努めている。そのなかで、身寄りのない成年被後見人から死後の財産を誰に承継させるかを悩んでいるという事例が多数存在することが明らかになった。このような場合、遺贈先としては自治体が推薦されることが通常であった。しかしながら、なかには身寄りのない人が成年後見制度を利用できるように自分の財産を活かしてほしいという市民の声が以前からあった。成年後見制度の利用に関する費用を助成する基金があれば、遺贈する人の意志を成年後見制度という公益のために活用できるという発案が後見基金の設立に向かう端緒となった。

2　後見基金の遺贈例

　明石市内のひとり暮らし高齢者J氏も遺贈を希望する一人であった。J氏による明石市後見支援センターへの寄付が後見基金の原資となった。当時、J氏は大病を患っており、医師から余命数ヶ月と宣告されていた。J氏は、自身が動けなくなった場合の財産管理や身の回りのことが心配になって、明石市後見支援センターへ相談に来た。相談をとおして、J氏は司法書士と見守り契約、任意代理契約、任意後見契約、死後事務委任契約、遺言書の作成を依頼することになった。J氏は明石市後見支援センターのソーシャルワーカーと面談を重ねていくなかで、成年後見制度がJ氏のようなひとり暮らし高齢者にとって有益な制度であると実感していった。最終的に、J氏は老後の生活費として貯めた約1,000万円全額を「私のように何も知らない人が成年後見制度の恩恵にあずかることができるように」と後見基金へ寄付することとなった。

3　後見基金の仕組み：共償方式

　明石市社協では遺贈者の意志を反映すべく2017年度に市民後見人の費用助成を主目的として、後見基金を創設した。後見基金は共償活動の理念によって支えられている。[1]共償活動の理念を掲げた背景には、市民後見人制度における関西圏特有の事情がある。関西圏においては、市民後見人制度は、崇高な市民ボランティア活動の一環として設けられた制度とする考え方がある。そのため、市民後見人は報酬付与の申立をしないというのが関西圏の主流となっている。しかしながら、市民後見人制度を、市民ボランティア活動という領域で捉え、後見業務を無償で行うという考え方には無理があると思われる。近代社会においては、双務契約が基本原則である。市民といえども家裁から課された法的責務を果たしたのであれば、報酬が付与されるのが妥当である。市民後見人制度が崇高なボランティア精神を理由に、片務契約として運営され続けた場合、市民後見人の新たな担い手を失い、延いては市民後見人制度自体を維持することが困難になることが予想される。

　この市民後見人制度が持続可能な制度になるために明石市後見支援センターが考案したのが、共償方式（図6-1）である。共償方式とは、共償活動の理念

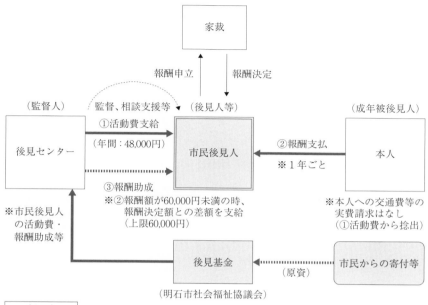

〈流れ〉

①活動費支給 ‥‥ 後見センターから市民後見人へ年間48,000円を活動費として支給（交通費・通信費等）※保険はセンターで一括加入

②報酬請求 ‥‥ 市民後見人が家裁へ報酬申立を行い（報酬請求可の事案）、報酬決定後に本人へ報酬請求を行う

③報酬助成 ‥‥ 市民後見人の報酬が無報酬若しくは60,000円未満の場合、報酬助成として上限60,000円の範囲で報酬決定額との差額を市民後見人に支給（市民後見人からの申請に基づく）

〈市民後見人の１人あたりにおける活動助成金の積算〉

	活動助成金	積算	月額	年間	方法
1	交通費【月額】	3,000円＝（1km＝30円×10km×5回＋a）	4,000円	48,000円	後見センターから市民後見人へ支給
2	通信費【月額】	1,000円＝（50円／3分→月60分）			
3	保険代【年間】	※保険料は、日常生活自立支援事業の生活支援員や法人後見支援員も含めて算定。			後見センターで一括加入

（図6-1）共償方式

出所：明石市後見支援センター

に則り、市民後見人の報酬を原資として市民後見人の活動費および報酬を安定して提供するための仕組みである。具体的には、市民後見人は法的責務を果たした成果として、家裁に報酬付与の申立を行う。そして、市民後見人はここで得た報酬の一部を、後見基金に任意で寄付するという仕組みとなっている。この寄付は、明石市で活動する市民後見人の活動費や報酬等に配分されるのである。

　以上のように、明石市における市民後見人制度を下支えしているのが、後見基金なのである。

Ⅲ　後見基金の機能と効果

　明石市後見支援センターは後見基金を設立するにあたり、後見基金が成年後見制度の利用を促進するだけでなく、地域福祉の推進にも寄与することを目指して、以下の五つの機能を後見基金に盛り込んだ（中央共同募金会 2007：52）。

1　市民後見人制度を支える機能
2　主体的な市民の活動を支援する機能
3　地域社会再生のための地域後見型の機能
4　成年後見制度の課題解決のための機能
5　市民の社会参加を寄付というかたちで実現する機能

1　市民後見人制度を支える機能

　市民後見人制度を支えるために、後見基金の助成項目には市民後見人が後見業務に携わるための費用が設けられている。この費用は、市民後見人の活動費用と市民後見人の報酬助成に分かれている。図6-1にあるように市民後見人の活動費用については、年間4万8,000円とされている。本来であれば成年被後見人が負担すべき市民後見人の活動費用を明石市後見支援センターが負担することで、財産の多寡に関係なく、成年後見制度を必要とする全ての人が利用できる仕組みが採用されている。また、これとは別に、市民後見人総合補償制度が明石市後見支援センターで一括加入される。[2]市民後見人の報酬について

は、家裁からの報酬額が6万円未満の場合、上限6万円の範囲で後見基金から助成される。このように、後見基金は市民後見人に対する費用助成というかたちで「成年後見制度の社会化」を促進しているのである。

2　主体的な市民の活動を支援する機能

　市民後見人および市民後見人候補者の間から実務における不安を分かち合うと共に、さらに学びを深める場をつくりたいという要望が生じ始めた。確かに、市民後見人養成プログラムには、市民サポーター向けの基礎研修として、フォローアップのための制度を導入している。しかし、生活支援員、後見サポーター、児童家庭支援員として活動している実践者向けのフォローアップのための制度は用意されてはいなかった。そこで、市民後見人と市民後見人候補者が主体的に立ち上げたのが、市民後見人候補者勉強会である。ここでは市民後見人と市民後見人候補者を中心に、彼等が興味のある講座を自ら企画し立案している。この勉強会で生じる経費（教室代や講師料等）は後見基金から支出している。このように、後見基金は主体的な市民の活動を支援する役割も担っているのである。

3　地域社会再生のための地域後見型の機能

　地域後見型の機能を発揮するために、「あかし後見サポーター事業」に関する費用が後見基金に設けられた。[3]あかし後見サポーター事業とは、同じ地域に住む市民でもある後見サポーターが成年後見人や福祉専門職と連携し、判断能力が不十分な人が、地域で自分らしい生活を送ることができるよう支援する事業である。支援対象者は、専門職後見人または親族後見人が選任されている成年被後見人である。後見サポーターは成年被後見人の見守りを中心に、必要があれば専門職後見人と連携し、ケースカンファレンス[4]にも参加する。後見サポーターは、一市民として成年被後見人の地域生活を支える地域福祉の担い手であるとともに、専門職後見人に対する支援も行っているのである。このように地域福祉の推進を担う後見サポーターの費用も後見基金から支出しているのである。

4 成年後見制度の問題解決のための機能

　成年後見制度において、申立から成年後見人の就任まで、通常2〜3ヶ月程度の期間を要する。その間、様々な問題が生じがちである。たとえば、成年被後見人が通帳や印鑑を紛失してしまい、申立費用や生活費を捻出できない場合や、金銭的虐待を理由に、早急に第三者による金銭管理を行う必要がある場合などである。そこで、後見基金に緊急切迫時の費用を設けることで、成年被後見人に当面の生活費や申立費用を貸付けるとともに、後見人候補者が就任前に金銭管理をしたことに対する報酬の支給をも行っている[5]。このように、成年後見制度が機能するまで、本人の生活を貸付や支給というかたちで後見基金が支えているのである。

5 市民の社会参加を寄付というかたちで実現する機能

　後見基金では、金銭の支給や貸付だけではなく、生活用品の支給をとおして、生活困窮者の自立支援も行っている。地域社会には、福祉施設へ入所する際に、不要になった電化製品等を処分することに苦慮する市民が多数存在している。一方で、生活困窮を理由に生活用品を整えることができず、自立した生活を送ることができない市民も多数存在している。後見基金は、この両者を繋ぐことを目的としている。生活用品が余っている人にはそれを後見基金に寄付することを提案し、生活用品が不足している人に対しては、寄付された物品を支給する。このように、後見基金は、一方では寄付というかたちで市民の社会参加を促し、もう一方では、生活困窮者の自立支援というかたちで地域福祉の推進にも貢献している。

　以上のように後見基金は、「成年後見制度の社会化」を促進するとともに、地域福祉の推進にも効果を発揮しているのである。

Ⅳ　むすび

　本章では、後見基金を中心に取り上げた。そして、明石市後見支援センターによる後見基金の推進が「成年後見制度の社会化」にとって効果があるだけで

なく、地域福祉の推進にも寄与することを明らかにした。

　今後の課題は、後見基金を起爆剤として、市民による主体的な地域福祉の推進をさらに発展させていくことである。そのためには、成年後見制度の課題を、単に制度の不備として捉えるのではなく、地域課題として捉える必要がある。そして、この地域課題について地域支援を専門とするコミュニティワーカーをはじめとした様々な福祉専門職とともに考えていくことが必要である。[6]

　1）　共償活動の理念に関する詳細は、第 4 章Ⅱ 3 を参照のこと。
　2）　市民後見人総合補償制度についての詳細は、第 4 章Ⅲ 1（2）②を参照のこと。
　3）　地域後見とは、「どこの地域社会においても、親しみやすく、利用しやすい後見人が数多く存在するということを前提に、判断能力が不十分な人が容易に成年後見制度を利用して安心した生活を送ることができる社会を目指す」という考え方である（森山・小池 2014：47）。
　4）　ケースカンファレンスについての詳細は、第 2 章注 6 を参照のこと。
　5）　明石市では「明石市緊急一時金銭管理の実施に関する要綱」（第 2 章Ⅵ）を設けて、金銭管理における緊急時の対応に取り組むとともに、そこで発生する費用等については後見基金で対応する仕組みを設けている。
　6）　コミュニティワーカーとは、コミュニティ（地域社会）において課題を抱えた人々や地域全体の課題に住民自身が気付き、その解決のための組織づくり・活動づくり・計画化・地域社会の変革・開発を、ソーシャルワーク（地域援助技術）という専門的援助技術を用いて支援・協働する専門職である（上野谷ら 2019：94）。

第7章

総合相談窓口における多機関・多職種連携
——積極的権利擁護による本人らしい生活の実現——

I　はじめに

　現在、地域住民の高齢化や、引きこもり、知的障害者による犯罪行為等、地域社会における生活課題が多様化し複合化するなかで、従来の福祉六法の枠組みだけでは支援することが困難な事例（以下「支援困難事例」）が増加している[1]。このような現状に鑑み、利用促進計画は、地域連携ネットワークが重要であることを示している。そしてこの計画によれば、地域連携ネットワークの構築には中核機関が必要であるとしている（内閣府 2017b：9）。しかし、中核機関を設置すれば、直ちに地域連携ネットワークが構築されるわけではない。地域連携ネットワークを構築するには、中核機関を軸とした多機関・多職種との連携と協働が必要となってくる。

　本章では、中核機関の役割を担う明石市後見支援センターの支援困難事例に対するソーシャルワーク実践を取り上げる。そして、総合相談窓口が多機関・多職種連携に貢献するだけでなく、積極的権利擁護を促し、本人らしい生活の実現にも効果があることを明らかにする。

II　総合相談窓口で実践する積極的権利擁護とは

1　総合相談窓口とは
　明石市社協2017年度事業報告書によると、総合相談窓口における相談件数が延べ約7万5,000件のうち、地域包括支援センター（現「地域総合支援センター」）

の相談件数が延べ6万2,918件、そのうち支援困難事例と評価された件数が延べ6,312件であった。これは、一日あたり約20件もの支援困難事例に対応していたことになる。地域社会における生活課題が多様化し複合化するなかで、分野を問わないワンストップ型の総合相談支援体制の充実が必要とされている。

　明石市社協では、福祉に関する初期相談とアセスメントおよび相談機関の連絡調整を実施する総合相談窓口（図7-1）を2015年度に設置した。総合相談窓口には、日常生活自立支援事業と成年後見制度を扱う「明石市後見支援センター」(9名)、障害者の相談窓口である「基幹相談支援センター兼障害者虐待防止センター（以下『基幹センター』）」(8名)、高齢者、障害者、児童など、広く地域の総合的・包括的な相談対応の拠点となる「地域総合支援センター（以下『総合支援センター』）」(24名)、児童扶養手当受給世帯を対象に日常生活に関する困りごとをヒアリングする「明石市ひとり親家庭生活向上事業」(1名)、再犯者の更生支援を目指す「更生支援担当」(3名、うち1名が弁護士職員)、ひとり親家庭生活向上事業と日常生活自立支援事業に従事する「生活支援員」(15名)が配置されている。総合相談窓口の職員のうち、8名は明石市からの出向職員である。このように、各分野の専門職を集めてワンストップ型の総合相談窓口を明石市社協は採用している。弁護士も含めてこれだけの多種多様な職種が同じ窓口で業務を担っていることは明石市社協の独自性であり、総合相談としての役割を果たすための基盤となっている。このように、様々な相談機関が集約されることで多機関・多職種連携を生み出し、ワンストップ型の支援体制を充実させる仕組みが、総合相談窓口なのである。

2　積極的権利擁護を支えるためのソーシャルワークとは

　積極的権利擁護とは、生命や財産を守り、権利侵害から保護するというだけでなく、本人の生き方を尊重し、その人らしい人生を歩めるようにするといった自己実現に向けた取り組みを保障するものである（岩間 2007：7）。

　権利擁護について、日田は次のように定義している（下線は筆者によるものである）（日田 2017：18）。

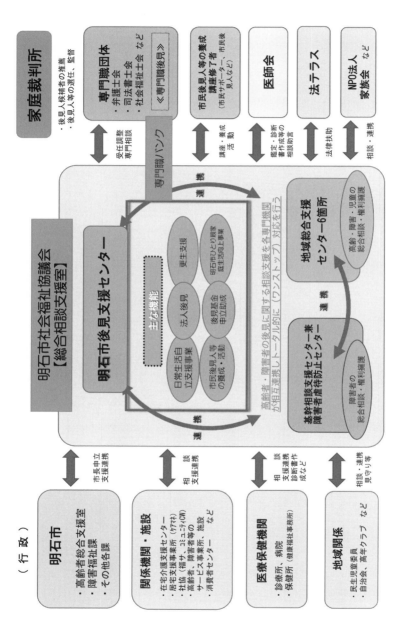

（図7-1）総合相談窓口における関係機関との連携図

出所：明石市後見支援センター資料を筆者が一部加工

「判断能力が不十分であるために、権利の侵害や、その恐れのある人々の<u>本来ならば得られる権利の実現を目指すべく</u>、市民や専門家が本人や家族を含めた当事者の<u>エンパワメント支援をとおしてニーズの充足を図ること</u>」

　日田が定義する権利擁護を積極的権利擁護の概念で捉えた場合、本来ならば得られる権利は人間の尊厳と捉えることができる。そして、これを前提としたニーズとなると広範なニーズを意味することになる。広範なニーズを満たすためには、本人の生命や財産を守り、権利侵害から救う取り組みに加え、本人の生活のしづらさを改善させる取り組みが必要となる。生活のしづらさの克服に向けては、本人がそのための主体性を身に付け具体的に行動することが不可欠である。つまり、積極的権利擁護の実現には、本人をエンパワーすることが欠かせないのである。そして、広範なニーズの充足とエンパワメント実践には多機関による連携と協働が必要である。この連携と協働こそが、積極的権利擁護を実現するためには欠かせないソーシャルワーク実践ということができる。以下では、総合相談窓口における積極的権利擁護を主眼としたソーシャルワーク実践について、事例をとおして検討する。

Ⅲ　支援困難事例における金銭管理の問題

1　事例対象の選定
　支援困難事例として、介護保険サービスと障害者福祉サービスを併用するK氏の事例を選定した。

2　倫理的配慮
　本事例の作成にあたり、特定の事例として判別できないように改変、加工した。本事例を研究以外の目的に使用しないことを当事者、成年後見人、明石市社協に説明し、同意を得た。

3　事例の概要
　K氏は60歳代の男性（要介護3、身体障害2級・精神障害2級）で生活保護受給

者であった。50代半ばで脳梗塞を患い、右半身不随および失語症となった。K氏は障害を負ったことを嘆き、お酒に逃げた。K氏の生活保護費の大半は、酒の購入に充てられ、最終的にアルコール依存症になった。その後、K氏は介護保険におけるみなし2号被保険者として、通所介護、訪問看護、訪問介護といった介護保険サービスを利用していた。[6] しかし、支援は安定していなかった。通所介護にはほとんど通わず、家に野良猫を連れ込んで、酒浸りの日々を過ごしていた。元々、気性は荒い上に酒を飲むとさらに荒くなり、ホームヘルパーやケアマネジャーに暴言を吐くだけでなく、ときに支援者の足につかみかかってくることもあった。このような状況に対して、ケースワーカーは在宅生活が困難と判断し、施設への入所手続を進めていた。[7] K氏はこれに抵抗して、ケースワーカーに対して敵意を抱くようになり、ケースワーカーが自宅を訪問する度に、ひどい暴言を浴びせるようになった。ケースワーカーでは手をつけられず、ケアマネジャーもどうしようもなくなり、明石市後見支援センターに相談が入った。

4　総合相談窓口における取り組み

　K氏は、日常生活自立支援事業を利用することとなった。K氏が日常生活自立支援事業を利用した当初は、アルコールやギャンブルに要するための不適切な臨時の出金を訴えること（以下「臨時出金の訴え」）が絶えなかった。このようなK氏の訴えに対しては、その都度、臨時出金を控えるように説明した。しかし、その場では納得しても、酒に酔った勢いで、「通帳を返せ」と電話をかけてくることが頻繁にあった。時に支援の最中に包丁を取り出すこともあった。

　このような状況を受けて、K氏が酒浸りになる原因を、K氏の関係機関で検討し直すために、明石市後見支援センターのソーシャルワーカーはケースカンファレンスを開催した。この際、関係性が悪化していることを理由に連携することのなかったケースワーカーにも参加してもらった。そこで決まった新たな取り組みが、障害者福祉サービスにおける日中活動の充実であった。作業所に通うことで自ずと酒の量は減る。作業所で昼食が提供されることで、最低一日一食は食事が確保されることにもなる。さらに、飲酒、喫煙、光熱費の出費が

軽減される。作業所に通うことでこれらの効果が期待された。さらに、明石市後見支援センターのソーシャルワーカーは生活費の受け渡しを、作業所で行うことにした。自宅での金銭の受け渡しとなると、飲酒による本人の暴言や暴行の可能性があったからである。障害福祉課は、本事例を支援困難事例として、障害者福祉サービスの併用を認めた。

5　本事例の経過

　作業所がK氏の障害に配慮した作業を提供してくれたこともあって、K氏は作業所に快く通うようになっていった。K氏は作業所に通うことで、自宅に野良猫を連れ込むことがなくなった。その結果、それまで猫の糞を処理することで大半の時間を費やしていたヘルパー業務を、K氏の食事の調理に充てることができるようになった。そして作業所に通うことで喫煙や飲酒が減っただけでなく、食事を三食きっちり食べるようになった。その結果、体調が改善し、夏になると生じていた脱水症状も起こさなくなった。

　K氏への生活費の受け渡しを作業所で行うことで、金銭の授受が安定して行えるようになった。時折、K氏から明石市後見支援センターに対して不適切な臨時出金の訴えがあった。その際は、K氏と信頼関係を構築した作業所職員が声かけすることでK氏の臨時出金の訴えは軽減し、支援計画どおりの支援が実現できるようにもなった。K氏の生活が安定してからは、K氏の金銭管理は、明石市後見支援センターから成年後見人に引き継がれた。また、作業所の工賃は成年後見人に振り込まれるのではなく、K氏の小遣いとして作業所からK氏本人に直接手渡された。この工賃の手渡しが、作業所職員とK氏との信頼関係をさらに構築するきっかけとなった。少しずつではあるが、K氏は貯金ができるようになったことから、孫へのお年玉を渡すことができるようにもなった。これに伴い、親族との関係も良くなり、成年後見人が担えない医療同意等は、親族が担ってくれることになった。

6　本事例の考察

　本事例において、K氏は制度上では高齢者福祉サービスの対象ではあった

（表7-1）K氏に対する具体的な支援内容

	機能	具体的な支援内容
(1)	広範なニーズへの対応	障害者福祉サービスの利用
(2)	本人の解決能力の向上	福祉サービスを受け入れるためのエンパワメント支援 （本人の意思を尊重したサービス提供）
(3)	連携と協働	カンファレンスを定期的に実施（後見センター・基幹センター・生活福祉課・居宅介護支援事業所・作業所・訪問介護事業所・通所介護事業所・訪問看護事業所・成年後見人・親族）

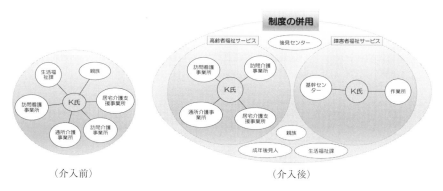

（介入前）　　　　　　　　　　　（介入後）

（図7-2）明石市後見支援センターの介入前後におけるK氏の支援状況の変化

が、試行錯誤の結果、K氏が生きがいを持って在宅生活を送るためには、障害者福祉サービスである作業所が必要であることが分かった。図7-2が示すように、制度にK氏を適用させるのではなく、K氏の生きがいに配慮し、制度をK氏に適用させる支援を展開した。

　そもそもニーズに合わない制度を適用しようとしているのにもかかわらず、本人が当該在宅サービスに適用できないと一方的に判断し、施設入所を選択させるのは本末転倒である。重要なことは、本人の尊厳に配慮した、本人らしい生活を目指すことである。そのためには、積極的権利擁護の視点に立ち、本人の生きがいにも配慮した支援展開が必要となる。

　このような制度を併用した支援を展開する上でも、多機関・多職種連携は欠かせないのである。本事例において、本人のニーズである障害者福祉サービス

を利用する上で（表 7 - 1(1)）、多機関・多職種連携は欠かせない（表 7 - 1(3)）。この連携と協働を促す上で、総合相談窓口は効果的であったといえる。

Ⅳ　総合相談窓口におけるソーシャルワーク実践とその効果

　本事例では、明石市後見支援センターが中核機関としての役割を担い、日常生活自立支援事業を軸にした支援が展開された。当初、明石市後見支援センターに求められた支援は、K氏の基本的ニーズである金銭管理であった[8]。しかしながら、明石市後見支援センターは生活支援にも積極的に取り組んだ。

　確かに、日常生活自立支援事業には福祉サービス利用援助として、生活支援がサービスとして組み込まれてはいる。しかし、実務において日常生活自立支援事業が提供するサービスの大部分は金銭管理が占めている。そこを敢えて、明石市後見支援センターでは生活支援に力を入れたことが、支援困難事例における金銭管理を安定させた一要因であったと考えられる。

　一般に、金銭管理を開始した当初、利用者は手渡された生活費の範囲内で生活を組み立てることができず、臨時出金を求めることが少なくない。これに安易に応じてしまうと金銭管理は安定しない。しかし、金銭管理に拘りすぎて、利用者の生活を困窮させてしまうような事態は避けなければならない。そうならないために必要な金銭管理が、「生活支援を軸にした金銭管理」（図 7 - 3）である。

　これは、本人に必要な福祉サービス等の生活支援を整えたあと、その生活支援に要する費用をもとに収支合わしていくという金銭管理である。具体的には、まず生活支援である福祉サービス、医療、配食サービス等を整えていく。次にこれら生活支援に必要な費用を

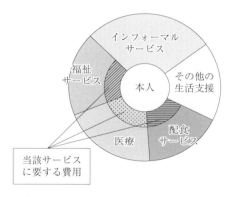

（図 7 - 3）生活支援を軸にした金銭管理

充当していく。生活支援により衣食住等の基本的ニーズが充足されていれば、利用者が不必要な臨時出金を依頼してきても、その利用者の訴えに対して毅然と対応することができる。このように、安定した金銭管理を目指すために、まず生活支援を整える必要がある。[9]

しかしながら、衣食住を確保する生活支援はあくまでも基本的ニーズを充足したに過ぎない。重要なことは、積極的権利擁護の取り組みを通して本人らしい生活を実現することである。すなわち、生命や財産を守り、権利侵害から保護するというだけでなく、本人の生き方を尊重し、本人らしい生活に向けた取り組みが必要である。この積極的権利擁護の取り組みが、結果的に基本的ニーズの充足にも繋がっていくことにもなるのである。

本事例においては、介護保険のみなし2号被保険者であるK氏の日中活動を充実させるために障害者福祉サービスを適用したことで、本人からの臨時出金の訴えが減少しただけでなく、アルコール依存症の改善にも繋がった。これはK氏が、本人らしい生活を実現したことで、金銭に対する執着を手放すことができたとも解釈できる。

以上のように、総合相談窓口を設けたことによって、多機関・多職種連携が促進され、積極的権利擁護が実現した。問題が複合化した支援困難事例において、積極的権利擁護の視点は欠かせない。この積極的権利擁護を実現する上で必要な取り組みが、本人のニーズを掘り起こし、広範なニーズにも対応することである。このような取り組みこそが、本人が福祉サービスを受け入れるためのエンパワメント支援となり、延いては本人の解決能力の向上にもつながるのである。そして、広範なニーズに対応するためには、地域によるインフォーマル支援をも取り込んだ多機関・多職種連携が不可欠である。この多機関・多職種連携を促すことに、総合相談窓口は効果を発揮しているのである。

V　むすび

本章では、明石市後見支援センターの支援困難事例に対するソーシャルワーク実践を取り上げた。そして総合相談窓口が多機関・多職種連携に貢献するだ

けでなく、積極的権利擁護を促し、本人らしい生活の実現にも効果があること
を明らかにした。

　一方で、多機関から多職種の支援者が集結すれば、必ずしも支援が効果的に
行われるという訳ではないことも、事例をとおして明らかになった。多機関・
多職種連携を効果的に行うためには、ソーシャルワーカーのコーディネート力
も重要である。総合相談窓口という多機関・多職種連携を生み出すシステムに
終始するのではなく、ソーシャルワーカー個々人がコーディネート力を強化して
いく必要がある。

　ともかくも、ソーシャルワーク実践において、連携と協働は欠かせない。こ
の連携と協働を自然に生み出す仕組みである総合相談窓口の設置は、支援困難
事例に対応する上で効果的な体制整備ということができる。

1）　支援困難事例についての詳細は、序章注4を参照のこと。
2）　日常生活自立支援事業については、第1章Ⅱを参照のこと。
3）　土屋は、総合相談窓口をワンストップ型（法律の縦割りを超えた行政組織を再編し、
　　専門職が対応する仕組み）と連携強化型（各分野の専門職を集めて窓口を構成する仕組
　　み）に分類している（土屋 2016：24）。
4）　岩間は「総合」について、以下のような概念を示している（岩間・原田 2012：32）。
　　1.　（支 援 者）専門職はもちろんのこと、地域住民やボランティア等も含めた支援
　　2.　（支援対象）本人だけでなく、本人をとりまく環境の変化をも促す支援
　　3.　（支援内容）生活のしづらさをも含めた地域生活上の広範なニーズへの支援
　　4.　（支援期間）予防的支援から継続的支援までをも含めた長期展望のもとでの支援
5）　積極的権利擁護についての詳細は第4章Ⅱ4を参照のこと。
6）　みなし2号被保険者とは、介護保険被保険者ではない40〜64歳の生活保護受給者が、
　　特定16疾病にかかって介護が必要になった人のことである。
7）　ケースワーカーについての詳細は、第2章注3を参照のこと。
8）　基本的ニーズについての詳細は、第4章Ⅱ4を参照のこと。
9）　上山は、身上監護と財産管理について、身上配慮義務を根拠に、財産管理は身上監護
　　を主目的として行うべきであるとしている（上山 2010b：116）。

むすびにかえて

　明石市後見支援センターの取り組みをもとに、より効果的に成年後見制度の利用促進計画を推進していくための方策を三点提案する。

　一点目に、利用促進計画推進の最優先事項として、協議会および中核機関の体制整備を掲げることである。利用促進計画では、各種専門職・関係機関の協力・連携強化を協議する協議会等を設置し、地域課題の検討・調整・解決などを行うことが示されている。第5章で述べたように、各種専門職による明石市への積極的な関わりは、成年後見制度利用支援事業の拡大に大きく貢献した。利用促進計画が示すように、自治体の公的責務を喚起するには、現場の実情を知る各種専門職と自治体職員が協議する場、すなわち明石市の受任調整会議のような協議会を設置する必要がある。それとともに、協議会の中核を担う中核機関の存在が必要である。明石市後見支援センターは、2020年度には正式に中核機関としての立場を表明し、成年後見制度の利用促進を加速していく方針である。協議会において、中核機関を中心に、各種専門職・関係機関の連携と協働を促す取り組みが、延いては利用促進計画が謳う地域連携ネットワークの構築にも繋がると考えている。

　二点目に、成年後見制度と日常生活自立支援事業を一体的に扱うことがあげられる。日常生活自立支援事業の待機者数の増加は全国的な問題となっている。市によっては、日常生活自立支援事業の契約までに1年以上要する社協や、新規契約そのものを受け付けない社協もあるとのことである。このような状況が生じる理由として、制度が適切に利用されていないことがあげられる。たとえば、本来は成年後見制度を利用するべき人が、日常生活自立支援事業を

利用している場合がある。この点については第1章で述べた。また、日常生活自立支援事業の利用者で、成年後見制度に移行すべき人が円滑に移行できていない場合も存在する。これに関して第5章では、要移行者が成年後見制度に円滑に移行できれば、日常生活自立支援事業の待機者問題が軽減することを明らかにした。いずれの場合においても制度の利用を円滑に進めるためには、成年後見制度と日常生活自立支援事業を、それぞれ別個の独立した制度と扱うのではなく、一体として扱う必要があると考えている。

　具体的には、成年後見制度と日常生活自立支援事業の窓口を同一の窓口とし、両制度を扱うことができる職員を配置する必要がある。明石市後見支援センターでは、東西各々に成年後見制度と日常生活自立支援事業の担当者が1名ずつ配置されており、そのうちの1名が両制度を統括する体制をとっている。各担当者は、毎月、事例検討の機会を設けており、両制度が効果的に利用されているかを評価している。介入時は、各担当者がアセスメントシートを利用し、適切な制度を選択できるようにするのはもちろんのこと、利用者を制度につなげる前には、受理会議（日常生活自立支援事業と成年後見制度、どちらの制度を利用するのかを検討する会議）を開催し、適切な制度が選択されているか否かを再度確認している。すでに日常生活自立支援事業を利用している人についても、利用者個人の変化に応じて、成年後見制度に移行するべきかを検討するための担当者会議を定期的に開催している。このような両制度の一体的な取り組みが、適切な制度の運用に繋がっている。

　三点目に、後見基金の設立があげられる。福祉課題が多様化し複合化する中で、社会福祉現場には、制度・施策の新設や変更では対応しきれない現状がある。成年後見制度に特化していえば、後見人が就任するまでの金銭管理の問題、市民後見人が負う死後事務の問題等である。成年後見制度だけでは取り組むことが困難なこれらの問題に対しては各種専門職の支援が必要である。明石市では各種専門職による支援で発生する報酬等の費用については、後見基金で支えている。現行制度で担うことが困難な課題に直面した際、通常、金銭的課題も同時に生じる。このような場合に、後見基金は有用である。

　以上、成年後見制度の利用促進計画を効果的に推進していくための方策を、

明石市後見支援センターの取り組みをもとに三点提案した。

　さいごになるが、限られた財源で孤軍奮闘している実務家にとって、明石市後見支援センターの取り組みが、道しるべの一助になることを心から願っている。

参考文献

【外国語文献】

A Kimberley Dayton（2014）*Comparative perspectives on adult guardianship*, Academic Press.

Alberta（1994）*Guardianship: an alternate voice for the dependent adult*, British Columbia.

Terry Carney; David Tait（1997）*The adult guardianship experiment tribunals and popular justice*, Federation Press.

Jana Illiger（2012）*Principles in adult guardianship law*, Research paper Victoria University of Wellington.

Heather Jones（2009）*The Importance of Comprehensive Clinical Social Work Assessments for Determination of Older Adult Guardianship Petitions in Cook County Probate Court*, Loyola eCommons.

Maryland Institute for Continuing Professional Education of Lawyers（2005）*Litigating the contested adult guardianship case*, MICPEL.

Karren Pope-Onwukwe（2010）*Practical approaches to adult guardianship*, MICHEL.

Virginia CLE（2016）*Representation of incapacitated persons as a guardian Ad Litem: 2016 qualifying course*, Virginia Law Foundation.

Virginia Department for the Aging（1995）*What is adult guardianship?*, Portsmouth, the Association.

Virginia Law Foundation（1994）*Adult guardianship rights, responsibilities and a hard look at reality*, The Committee.

【日本語文献】

明石市社会福祉協議会（2015）『平成27年度事業報告書』.

明石市社会福祉協議会（2016）『平成28年度事業報告書』.

明石市社会福祉協議会（2017）『平成29年度事業報告書』.

赤沼康弘・池田惠理子・松井秀樹編著（2015）『Q&A成年後見実務全書 第1巻』民事法研究会.

秋元美世（2014）「権利擁護における法の世界と事実の世界」『週刊社会保障』68（2768）, 50-55.

秋山智久（1999）「権利擁護とソーシャルワーカーの果たす役割—アドボカシーを中心に—」『社会福祉研究』75, 23-33.

芦部信喜（2011）『憲法（第5版）』岩波書店.

安住保幸（2004）「意思無能力の有無の判断基準と成年後見制度に与える影響」『私法学研究』28, 1-31.

新井　誠（2010）「成年後見制度の現状と課題」小林一俊・小林秀文・村田彰編『高齢社会における法的諸問題』酒井書店, 31-45.

新井　誠・原　勝則（2013）「市民後見と成年後見制度の今後」『実践成年後見』47, 1-5.

新井　誠・赤沼康弘・大貫正男（2014）『成年後見制度—法の理論と実務—（第2版）』有斐閣.

新井　誠（2016）「成年後見制度のこれまでとこれから—成年後見制度利用促進法と円滑化法の制定—」『国民生活』10, 1-5.

五十嵐禎人（2002）「地域福祉権利擁護事業における意思能力」『老年精神医学雑誌』13(10) 1136-1143.

池田恵利子（2007）「高齢者自立支援としての後見実践」『老年精神医学雑誌』18(4), 396-401.

石井布紀子（2006）「地域福祉活動推進としての災害対応の必要性・重要性と民間ネットワークづくり（特集　地域社会を呼び起こすコミュニティファンド—新たな時代の共同募金—）」『月刊福祉』89(12), 40-43.

井上計雄編（2012）『相談事例からみた成年後見の実務と手続（改正版）』新日本法規出版.

岩澤　勇（2004）「判断能力が不十分な方のための法律行為に」『ふれあいケア』10(1), 10-12.

岩田香織（2003）「成年後見制度とソーシャルワークの関連について」『静岡県立大学短期大学部研究紀要』17(W), 1-12.

岩間伸之（2005）『援助を深める事例研究の方法—対人援助のためのケースカンファレンス—（第2版）』ミネルヴァ書房.

岩間伸之（2007）「高齢者の尊厳と権利擁護—『積極的権利擁護』の増進に向けて—」『実践成年後見』20, 4-11.

岩間伸之（2009a）「権利擁護の担い手としての「市民後見人」の可能性（特集　権利擁護の10年　福祉は変わったか）」『月刊福祉』92(2), 46-49.

岩間伸之（2009b）「社会的に支え合うことの意味と『参画型社会福祉』の創造」『社会福祉研究』104, 107-111.

岩間伸之（2010）「市民後見人の理念とこれからの課題（特集　成年後見のこれから）」『月刊福祉』93(10), 36-39.

岩間伸之（2011）「地域を基盤としたソーシャルワークの特質と機能—個と地域の一体的

支援の展開に向けて─」『ソーシャルワーク研究』37⑴, 4-19.

岩間伸之（2012a）「市民後見人の位置づけと活動特性（特集　市民後見人の養成・支援）」『実践成年後見』42, 4-11.

岩間伸之（2012b）「市民後見人とは何か─権利擁護と地域福祉の新たな担い手─」『社会福祉研究』113, 9-16.

岩間伸之・原田正樹（2012）『地域福祉援助をつかむ』有斐閣.

岩間伸之・井上計雄・梶田美穂・田村満子（2012）『市民後見人の理念と実際─市民と行政のコラボレーション─』中央法規出版.

岩間伸之（2014a）『支援困難事例と向き合う─18事例から学ぶ援助の視点と方法─』中央法規.

岩間伸之（2014b）「権利擁護の推進と地域包括ケア─地域を基盤としたソーシャルワークとしての展開─」『地域福祉研究』公2⑷, 13-21.

上野谷加代子・松端克文・永田　祐編（2019）『新版　よくわかる地域福祉』ミネルヴァ書房.

宇佐見大司（1993）「事実上の後見人らによる無権代理行為の後見人就任後の追認拒絶」『私法判例リマークス（法律時報別冊）』⑺11-14.

内田　貴（1990）『契約の再生』弘文堂.

内田　貴（2000）『契約の時代─日本社会と契約法─』岩波書店.

内田　貴（2008）『民法Ⅰ　総則・物権総論（第4版）』東京大学出版会.

内田　貴（2011）『民法Ⅱ　債権各論（第3版）』東京大学出版会.

内田　貴（2005）『民法Ⅲ　債権総論・担保物権（第3版）』東京大学出版会.

鵜浦直子（2013）「ソーシャルワーク実践における予防的アプローチとしての成年後見制度の活用─権利侵害の発生を未然に防ぐために─」『ソーシャルワーク研究』39⑵, 30-36.

遠藤英嗣（2015）『高齢者を支える市民・家族による新しい地域後見人制度』日本加除出版.

近江幸治（2010）『民法講義Ⅳ　事務管理・不当利得・不法行為（第2版）』成文堂.

大島康生（2015）「市民後見人の実務と体験（第11回学術大会　統一テーマ　後見人の職務─監督体制も含めて─）」『成年後見法研究』2, 11-15.

大曽根寛（1999）「権利擁護システムの創造と社会保障法制の課題」『社会保障法』14, 147-161.

大中眞人（2018）「地域課題解決に向けて：寄付つき商品事業JUST（特集　地域福祉推進のための民間財源）」『月刊福祉』101⑵, 32-37.

大橋謙策（1996）「21世紀に向けて新しい『寄付の文化』の創造をめざして─共同募金の50年と改革の課題─（特集　新しい『寄付の文化』としての共同募金─半世紀を迎え

た共同募金運動—）」『月刊福祉』79⑪, 12-18.

大橋謙策（2005）「コミュニティソーシャルワークの機能と必要性」『地域福祉研究』33, 4-15.

大橋謙策（2006）「博愛の精神に基づく寄付の文化の醸成—共同募金60周年と今後の希望—（特集 地域社会を呼び起こすコミュニティファンド—新たな時代の共同募金—）」『月刊福祉』89⑫, 12-17.

大原利夫（2008）「福祉契約と福祉サービス利用援助事業」新井 誠・秋元美世・本沢巳代子編著『福祉契約と利用者の権利擁護』日本加除出版, 139-163.

大村敦志（2002）「成年後見・その1—自己決定の尊重について—」『法学教室』262, 31-37.

大村敦志（2005）「成年後見と介護契約」『法の支配』136, 72-82.

大輪典子（2009）「専門職としての権利擁護活動の10年」『月刊福祉』92(2), 34-37.

岡崎和子（2011）「能力の定義」『実践成年後見』37, 109-110.

小賀野晶一（2012）『民法と成年後見法—人間の尊厳を求めて—』成文堂.

梶田美穂（2014）「市民後見人育成に対する取組みとその必要性について（特集 後見業務とリーガルサポート）」『月報司法書士』514, 28-32.

梶村太市（2012）『新家事調停の技法—家族法改正議論と家事事件手続法制定を踏まえて—』日本加除出版.

神奈川県社会福祉協議会（2014）『神奈川県における市民後見人養成のあり方について（最終報告）』.

上山 泰（2000）「ドイツ世話法改正について・下」『法律時報』72(2), 54-60.

上山 泰（2009）「専門職後見人の現状と市民後見人システムの充実に向けて」『実践成年後見』28, 63-73.

上山 泰（2010a）「成年後見制度における『本人意思の尊重』—ドイツ世話法との比較から—」『大原社会問題研究所雑誌』622, 2-17.

上山 泰（2010b）『専門職後見人と身上監護（第2版）』民事法研究会.

上山 泰・菅 富美枝（2010）「成年後見制度の理念的再検討—イギリス・ドイツとの比較を踏まえて—」『筑波ロー・ジャーナル』8, 1-33.

上山 泰（2011）「統一感なき成年後見法政策に終止符を！」『週刊社会保障』65(2623), 46-51.

上山 泰（2012）「市民後見推進事業の意義について」『週刊社会保障』, 66(2679), 44-49.

香山芳範（2015）「日常生活自立支援事業と成年後見制度の活用における現状と課題」『兵庫社会福祉士』15, 76-83.

香山芳範（2018）「『成年後見の社会化』における成年後見制度利用支援事業の役割—明石市後見支援センターが支援する高齢者世帯の事例を中心に検討する—」『実践成年

後見』77, 93-100.

川井　健 (2008)『民法概論4（債権各論）』有斐閣.

菊池和則 (2004)「多職種チームコンピテンシー」『社会福祉学』44(3), 23-31.

木下大生 (2018)「地域共生社会構築に向けた罪を犯した知的障害者へのソーシャルワーク」『ソーシャルワーク研究』44(1), 44-50.

空閑浩人 (2018)「地域を基盤としたソーシャルワークへの期待―ソーシャルワークが求められる時代のなかで―」『月刊福祉』101(5), 40-45.

口村　淳 (2013)『高齢者ショートステイにおけるレジデンシャル・ソーシャルワーク―生活相談員の業務実態と援助内容の分析―』法律文化社.

熊谷士郎 (2006)「意思無能力法理の根拠および判断枠組みについて」『日本私法学会私法』68, 160-167.

熊谷士郎 (2009)「福祉サービス契約における利用者の権利保障制度の現状と課題」『季刊社会保障研究』45(1), 25-35.

厚生労働省 (1999)『社会福祉基礎構造改革について（社会福祉事業法等改正法案大綱骨子）』（4月15日）.

厚生労働省 (2013)『都市部における認知症有病率と認知症の生活機能障害への対応』.

厚生労働省老健局 (2015)『成年後見制度利用支援事業実施状況（平成27年度）』.

厚生労働省 (2019)，社会福祉士の登録者数の推移，https://www.mhlw.go.jp/stf/seisakunitsuite/bunya/hukushi_kaigo/seikatsuhogo/shakai-kaigo-fukushi1/shakai-kaigo-fukushi3.html;2019年5月27日12時15分最終アクセス

小谷直道 (1996)「日本に新しい『寄付の文化』を創るために（特集　新しい『寄付の文化』としての共同募金―半世紀を迎えた共同募金運動―）」『月刊福祉』79(11), 24-29.

小西知世 (2004)「福祉契約の法的関係と医療契約」『社会保障法』19, 99-109.

小林良二 (2012)「ひとり暮らし高齢者のニーズと支援関係」『福祉社会開発研究』5, 55-61.

最高裁判所事務総局家庭局 (2014)『成年後見関係事件の概況―平成25年1月〜12月―』.

最高裁判所事務総局家庭局 (2015)『成年後見関係事件の概況―平成26年1月〜12月―』.

最高裁判所事務総局家庭局 (2018)『成年後見関係事件の概況―平成29年1月〜12月―』.

最高裁判所事務総局家庭局 (2019)『成年後見関係事件の概況―平成30年1月〜12月―』.

税所真也 (2017)「成年後見の社会化に関する社会学的研究」東京大学大学院人文社会系研究科博士論文.

齋藤修一 (2014)「市民後見人への期待(3)品川区NPO法人との協働による市民後見人の育成と活用」『地域ケアリング』16(8), 40-45.

坂口順治 (2000)「社会福祉の実践―コミュニタリアニズムのアプローチ―」『社会福祉研究』75, 16-22.

坂野征四郎（2013）『書式　成年後見の実務（第2版）』民事法研究会.

佐口　卓（1974）『医療保険論』有斐閣.

佐々木静子（2001）『成年後見制度Ｑ＆Ａ』ミネルヴァ書房.

滋賀県社会福祉協議会（2013）『滋賀県の地域福祉権利擁護事業の現況と県権利擁護センターでの取組み状況』.

滋賀県社会福祉協議会（2014）『滋賀県社会福祉協議会事業計画』.

志賀文哉（2014）「市民後見の現状と課題」『富山大学人間発達科学部紀要』8(2), 147-153.

宍戸明美（2010）「福祉資源としての『寄付の文化』再考—ソーシャル・キャピタルの視点から—（特集　環太平洋文化の広がり）」『環太平洋文化』26, 42-65.

静岡県社会福祉協議会（2015）『成年後見制度に関する実態把握調査報告書』.

渋沢田鶴子（2002）「対人援助における協働—ソーシャルワークの観点から—」『精神療法』28(3), 270-277.

嶋貫真人（2011）「日常生活自立支援事業の課題—成年後見制度との関係を中心に—」『社会福祉学』52(1), 29-40.

清水敏晶（2011）『ガイドブック成年後見制度—そのしくみと利用法—』法学書院.

しみん基金・こうべ（2007）「共同募金改革の方向性を聴く」『しみん基金・KOBENEWS』12, 4.

社会福祉士養成講座編集委員会（2014）『新・社会福祉士養成講座19　権利擁護と成年後見制度（第4版）』中央法規出版.

須永　敦（1994）「就職前の無権代理行為に対する禁治産者の後見人による追認拒絶の拒否」『法学教室』174, 20.

須永　敦（1996）『被保護成年者制度の研究』勁草書房.

成年後見制度研究会（2010）「成年後見制度研究会の研究報告　成年後見制度の現状の分析と課題の検討—成年後見制度の更なる円滑な利用に向けて—」『家庭裁判月報』62(10), 113-174.

成年後見センター・リーガルサポート編著（2013）『成年後見教室　実務実践編（3訂版）』日本加除出版.

銭　偉栄（2014）「市民後見人の登場：その社会的背景とは」『松山大学論集』26(1), 25-54.

全国社会福祉協議会（2008）『日常生活自立支援事業推進マニュアル』.

全国社会福祉協議会地域福祉部（2010）「社会福祉協議会における成年後見の取り組みの現状・課題」『月刊福祉』93(10), 34.

全国社会福祉協議会（2011）『社会福祉協議会における地域福祉を基盤とする成年後見制度への取り組みの基本的考え方と実務』.

全国社会福祉協議会（2013）『アクション Report』．

全国社会福祉協議会（2014）「『権利擁護センター等』の具体化に向けて―「厚生労働省平成25年度セーフティネット支援対策事業（社会福祉推進事業）地域における権利擁護体制の構築の推進に向けて―」調査研究報告書』．

全国社会福祉協議会（2014）『権利擁護・虐待防止白書2014』．

全国社会福祉協議会地域福祉部（2018）『日常生活自立支援事業の実績』全国社会福祉協議会．

総務省（2013）『人口推計（平成25年10月1日現在）』．

高橋陽子（2018）「『寄付教育』推進で、温もりある社会創り（特集　ファンドレイジングと福祉教育・ボランティア学習）」『ふくしと教育』24, 4-7．

谷口政隆「社会福祉の実践におけるエンパワメント」『社会福祉研究』75, 49-56．

田山輝明（2007）『成年後見読本』三省堂．

地域ケア会議運営ハンドブック作成委員会（2016）『地域ケア会議運営ハンドブック』一般社団法人長寿社会開発センター．

中央共同募金会（1996）「『共同募金とボランティア活動に関する意識調査』の概要（特集　新しい『寄付の文化』としての共同募金―半世紀を迎えた共同募金運動―）」『月刊福祉』79(11), 36-41．

中央共同募金会（2007）『地域をつくる市民を応援する共同募金への転換』．

土屋幸己（2016）「富士宮市の取り組みと総合相談窓口構築の現状と課題」『地域ケアリング』18(13), 21-27．

寺町東子（2015）「東京弁護士会における後見人の職務のあり方および監督体制に関する取組み（第11回学術大会統一テーマ　後見人の職務：監督体制も含めて）」『成年後見法研究』12, 16-21．

道垣内弘人（1998）「『身上保護』、『本人の意思の尊重』について」『ジュリスト』1141, 29-38．

東京家裁後見問題研究会編著（2005）「家裁後見センターにおける成年後見制度運用の状況と課題」『判例タイムズ』1165, 63-64．

東京家裁後見問題研究会編著（2013）「後見の実務」『別冊判例タイムズ』36, 69．

東京都社会福祉協議会（2013）『地域福祉権利擁護事業とは―制度を理解するためには―』．

徳永江利子（2014）「成年後見制度における市民後見人の役割」『関東学院法学』24(1), 25-46．

栃本一三郎・田尻佳史・野原健治[他]（2006）「座談会　地域をつくる市民を応援する共同募金をめざして（特集　地域社会を呼び起こすコミュニティファンド―新たな時代の共同募金―）」『月刊福祉』(89)12, 24-31．

内閣府（2017a）『成年後見制度の現状』.

内閣府（2017b）『成年後見制度利用促進基本計画について』.

中田淳一（1957）「精神薄弱者の控訴及び控訴取下の能力」『民商法雑誌』31⑸, 32-37.

中山泰道（2009）「成年後見の申立費用・申立に伴う活動以外の調査費用および後見事務
　　費用の負担と範囲」『成年後見法研究』6, 155-165.

那須宗一（1990）「総合相談窓口業務の基本的考え方」『公衆衛生』54⑼, 586-588.

成瀬康弘（2004）「こうして僕は社会福祉士事務所を開業した」『賃金と社会保障』1367,
　　25-28.

西牧正義（2004）「社会福祉協議会地域福祉権利擁護事業と意思能力」『財産法諸問題の
　　考察—小林一俊博士古希記念—』酒井書店, 25-45.

日本司法書士会連合会（2018）『司法書士白書』.

日本社会福祉士会（2009）『権利擁護と成年後見実践—社会福祉士のための成年後見入
　　門—』民事法研究会.

日本弁護士連合会（2018）『弁護士白書』.

額田洋一（2002）「市長村長の申立権（鑑定費用）」『判例タイムズ』1100, 241.

根本久仁子（2009）「地域に潜在するニーズを掘り起こしてきた日常生活自立支援事業」
　　『月刊福祉』92⑵, 42-45.

野口友紀子（2017）「共同募金運動にみる寄付行為の意味づけ—社会化からファッション
　　化へ—」『社会福祉学』58⑵, 67-79.

濱畑芳和（2005）「福祉サービス利用援助事業の法的課題」『社会保障法』20, 139-153.

濱畑芳和（2011）「福祉サービス利用援助事業の法構造」『龍谷法学』43⑶, 1144-1177.

日田　剛（2017）「専門職後見人の実践における権利擁護に関する研究—首長申立ケース
　　受任者へのインタビュー調査から」『社会福祉学』58⑶, 14-26.

兵庫県社会福祉協議会（2014a）『福祉サービス利用援助事業専門員・担当者会議（第2
　　回）』.

兵庫県社会福祉協議会（2014b）『福祉サービス利用援助事業平成26年度新任専門員研修
　　会』.

兵庫県社会福祉協議会（2017）『日常生活自立支援事業　平成29年度　契約・解約者数』.

兵庫県社会福祉協議会（2019）『福祉サービス利用援助事業専門員・担当者会議』.

平野隆之（2008）『地域福祉推進の理論と方法』有斐閣.

廣川嘉裕（2006）「行政とNPOの協働に関する理論」『ノモス』⒆87-98.

福田幸夫（2004）「成年後見制度とソーシャルワークの実践—後見活動における社会福祉
　　士の役割に関する考察—」『筑紫女学園大学紀要』16, 215-232.

福山知女（2009）「ソーシャルワークにおける協働とその技法（特集ソーシャルワークに
　　おける連携と協働の技法）『ソーシャルワーク研究』58⑶, 34⑷, 278-290.

藤井博志 (2006)「住民による総合相談窓口と地域福祉活動拠点〈豊中市社会福祉協議会〉」『月刊福祉』89(13), 88-93.

藤原一男 (2008)「大阪市成年後見支援センターの市民後見人選任と活動支援の取組み」『実践成年後見』24, 71-77.

星野美子 (2015)「社会福祉士会における後見人の職務のあり方に関する取組み（第11回学術大会統一テーマ　後見人の職務—監督体制も含めて—」『成年後見法研究』12, 28-33.

前田　泰 (2000a)『民事精神鑑定と成年後見法』日本評論社.

前田　泰 (2000b)「民法に条文がない概念・制度　2 意思無能力」『法学セミナー』552, 12.

前田　泰 (2013)「意思無能力者に対する貸付けは無効であり、貸付けの返済として受領した金員は不当利得として返還すべきである（神戸地伊丹支判平24・1・23)」『現代消費者法』18, 94-102.

牧野郁子 (2006)「民間財源と地域をつなぐ共同募金の実践（特集　地域社会を呼び起こすコミュニティファンド—新たな時代の共同募金—)」『月刊福祉』89(12), 32-35.

増田勝久編 (2012)『Q＆A家事事件手続法と弁護士実務』日本加除出版.

松井秀樹 (2014)「公益信託『成年後見助成基金』と寄付文化（特集　公益信託法改正のゆくえ)」『信託フォーラム』(1), 26-29.

みずほ情報総研株式会社 (2018)『介護施設等における身元保証人等に関する調査研究事業』.

宮内眞木子 (1992)「寄付金税制の民間助成効果」『月刊福祉』75(13), 44-49.

宮城　孝・長谷川真司・久津摩和弘 (2018)『地域福祉とファンドレイジング』中央法規.

村井龍治・長上深雪・筒井のり子編著『現代社会における「福祉」の存在意義を問う—政策と現場をつなぐ取り組み—』ミネルヴァ書房.

森山　彰 (2014a)「市民後見人への期待(5)—成年後見制度活性化の視点からの地域後見の実現①—」『地域ケアリング』16(11), 44-50.

森山　彰 (2014b)「市民後見人への期待(6)—成年後見制度活性化の視点からの地域後見の実現②—」『地域ケアリング』16(12), 48-52.

森山　彰・小池信行 (2014)『地域後見の実現—その主役・市民後見人の育成から法人後見による支援の組織づくり、新しい後見職務のあり方、権利擁護の推進まで—』日本加除出版株式会社.

矢部典子 (2009)「高齢者に対する権利侵害の実態と解決に向けた課題—日常生活自立支援事業の事例から—」『総合社会福祉研究』35, 16-24.

山口県社会福祉協議会 (2007)『平成18年度山口県地域福祉権利擁護事業　成年後見制度要移行者実態把握調査』.

山下興一郎 (2000)「社会福祉協議会の地域福祉権利擁護事業—福祉サービス利用者本人の意思決定と生活を支える制度—」『判例タイムズ』1030, 203-212.

米倉　明 (1984)『民法講義総則(1)』有斐閣.

和田敏明 (2006)「事例にみるコミュニティファンドのあり方と共同募金の今後(特集　地域社会を呼び起こすコミュニティファンド—新たな時代の共同募金—)」『月刊福祉』89(12), 44-47.

渡邊一雄 (1996)「アメリカにおける『寄付の文化』と共同募金—その根底にあるもの—(特集　新しい『寄付の文化』としての共同募金—半世紀を迎えた共同募金運動—)『月刊福祉』79(11), 30-35.

渡辺裕子 (2014)「被災地の遠隔地からのボランティアの問題と支援のあり方—東日本大震災における活動支後金受給団体の分析を通して」『社会福祉学』55(3), 106-117.

謝　辞

　本書を書き上げるにあたり、多くの方々のあたたかいご指導とご協力、また励ましをいただきました。

　松溪憲雄先生には、筆者が学部時代から一貫して、丁寧かつ熱心なご指導を賜りました。実務家として勤務を続けながら、本書を完成させることができたのも、さいごまで丁寧に親身になってご指導くださった先生のあたたかいご配慮があってのことと深く感謝申し上げます。

　長上深雪先生には、的確なご質問やご指摘をいただき、論理構成や分析の枠組みなどに意義深いご助言を賜りました。とくに、実践報告を通して、実務家における研究の重要性をご指導いただいたことは印象深く記憶に残っております。心よりお礼申し上げます。

　新井誠先生には、ゼミを通して、成年後見制度の最新の情報をたくさん賜りました。とくに、後見基金の運営について的確なご助言を賜りました。改めて感謝申し上げます。

　さらに、本書の執筆に際して多機関・多職種の皆さま方には多大な協力をいただきました。なかでも、明石市後見支援センターの活動にご協力くださる弁護士会、司法書士会、社会福祉士会の先生方、筆者が所属する明石市の諸先輩方、共償活動の理念の生みの親である山下孝光副理事長、一蓮托生の精神で実践を共にしてくださった水口貴仁センター長、のご協力なしに本書を完成させることはできませんでした。心より感謝申し上げます。

　さいごに、身上監護の重要性についてご指導くださった小賀野晶一先生、そして本書の刊行にあたってご尽力いただいた法律文化社の小西英央様に、深く感謝申し上げます。

2020年1月

初出一覧

（ただし、文章表現はもちろんのこと、構成や図表等が初出時のものとは大きく変わっている場合がある）

第1章　「日常生活自立支援事業と成年後見制度における現状と課題」『兵庫社会福祉士』第16号，2015年．

第2章　「『意思無能力者』＊の日常生活自立支援事業の活用について—成年後見制度との関係を踏まえて—」『龍谷大学大学院研究紀要社会学・社会福祉学』第22号，2015年．

第3章　「成年後見の申立手続における費用負担とその範囲—単身高齢者支援事例にみる成年後見の費用負担についての望ましい取り組み方とは—」『関西社会福祉研究』第3号，2017年．

第4章　「市民後見人養成システムおよび後見基金—市民後見人が主体性を形成する過程について—」『日本福祉教育・ボランティア学習学会研究紀要』第33号，2019年．

第5章　「『成年後見の社会化』における成年後見制度利用支援事業の役割—明石市後見支援センターが支援する高齢者世帯の事例を中心に検討する—」『実践成年後見』第77号，2018年．

第6章　「後見基金創設に向けたソーシャルアクション—後見基金の機能とその効果—」『厚生福祉』第6501号，2019年．

第7章　「支援困難事例に対する総合相談窓口におけるソーシャルワーク実践—多機関多職種連携による積極的権利擁護の実現—」『龍谷大学大学院研究紀要社会学・社会福祉学』第24号，2019年．

■著者紹介

香山　芳範（かやま　よしのり）
　甲南大学法科大学院法学研究科法務専攻博士課程修了「博士（法務）」
　明石市福祉局福祉政策室福祉総務課　主任（社会福祉士）「明石市社会福祉協議会明石市後見支援
　センターに出向」
　龍谷大学社会学部現代福祉学科　非常勤講師
　大阪大谷大学人間社会学部人間社会学科　非常勤講師

主要業績
　「成年後見の申立手続における費用負担とその範囲―単身高齢者支援事例にみる，成年後見の
　費用負担についての望ましい取り組み方とは―」『関西社会福祉研究』第３号，19〜29，2017年．
　「福祉避難所における要配慮者の自立支援のあり方とは―熊本地震における兵庫県派遣職員の
　体験から―」『社会福祉士』第24号，22〜29，2017年．
　「『成年後見の社会化』における成年後見制度利用支援事業の役割―明石市後見支援センターが
　支援する高齢者世帯の事例を中心に検討する―」『実践成年後見』77号，93〜100，2018年．
　「後見基金創設に向けたソーシャルアクション―後見基金の機能とその効果―」『厚生福祉』6501
　号，10〜15，2019年．
　「市民後見人養成システムおよび後見基金―市民後見人が主体性を形成する過程について―」
　『日本福祉教育・ボランティア学習学会研究紀要』Vol.33，106〜117，2019年．

主な受賞歴
　2019年第26回日本社会福祉士会近畿ブロック研究・研修大会にて近畿ブロック大賞受賞
　研究発表「明石市における明石市社会福祉協議会後見基金創設のプロセスについて―成年後見
　制度利用支援事業の拡大から明石市社会福祉協議会後見基金創設まで―」

Horitsu Bunka Sha

成年後見制度の社会化に向けた
ソーシャルワーク実践
──判断能力が不十分な人の自立を目指す
社会福祉協議会の取り組み──

2020年7月10日　初版第1刷発行

著　者　香　山　芳　範

発行者　田　靡　純　子

発行所　株式会社　法律文化社

〒603-8053
京都市北区上賀茂岩ヶ垣内町71
電話 075(791)7131 FAX 075(721)8400
https://www.hou-bun.com/

印刷：亜細亜印刷㈱／製本：㈱藤沢製本
装幀：仁井谷伴子
装画：土井貞美／幸遺くん：kotsuri

ISBN 978-4-589-04095-4
ⒸF 2020 Yoshinori Kayama Printed in Japan

佐々木隆治・志賀信夫編著

ベーシックインカムを問いなおす
――その現実と可能性――

A5判・224頁・2700円

ベーシックインカムは「癒し」の制度にあらず。今野晴貴・藤田孝典・井手英策ら社会運動や政策提言の最前線に立つ論者と研究者が、その意義と限界をさまざまな角度から検討する。ベーシックインカム論の決定版。

埋橋孝文／同志社大学社会福祉教育・研究支援センター編

貧困と就労自立支援再考
――経済給付とサービス給付――

A5判・242頁・4000円

働くことが貧困改善につながるか。サービス給付を生活保護における経済給付と対比しながら、両者が織りなす困窮者支援の実相と問題点を浮き彫りにする。中間的就労の先進的取り組み、生活保護ケースワーカーの座談会を収録。

岡部 茜著

若者支援とソーシャルワーク
――若者の依存と権利――

A5判・264頁・4900円

従来の就労に向けた自立支援で、若者の生活困難や生きづらさを捉えきれるか。ソーシャルワーク(SW)の視点から若者を総体として捉え、SWの必要性とその構成要素、支援の枠組みを提起する。

村尾泰弘編著

家族をめぐる法・心理・福祉
――法と臨床が交錯する現場の実践ガイド――

A5判・220頁・2900円

少年非行、DV、児童虐待、ストーカー、高齢者介護、離婚、面会交流など、広範な問題を取り上げる。第1部は法・心理・福祉3領域の知識を解説し、第2部では具体例から問題を考察。第3部は新たな潮流と課題を提示する。

河合克義・清水正美・中野いずみ・平岡 毅編

高齢者の生活困難と養護老人ホーム
――尊厳と人権を守るために――

A5判・206頁・2500円

低所得で複雑な生活困難を抱える高齢者が増えるなかで、養護老人ホームの役割は大きくなっている。研究者、施設・自治体職員が現代のホームの実像をリアルかつ立体的に描き、高齢者福祉のあり方を問う。

――法律文化社――

表示価格は本体(税別)価格です